BEIHEFTE ZUM TÜBINGER ATLAS
DES VORDEREN ORIENTS

herausgegeben im Auftrag des Sonderforschungsbereichs 19
von Wolfgang Röllig

Reihe B
(Geisteswissenschaften)
Nr. 33

Wolf-Dieter Hütteroth

Palästina und Transjordanien im 16. Jahrhundert

Wirtschaftsstruktur ländlicher Siedlungen nach osmanischen Steuerregistern

WIESBADEN 1978
DR. LUDWIG REICHERT VERLAG

Palästina und Transjordanien im 16. Jahrhundert

Wirtschaftsstruktur ländlicher Siedlungen nach osmanischen Steuerregistern

von

Wolf-Dieter Hütteroth

WIESBADEN 1978
DR. LUDWIG REICHERT VERLAG

CIP-Kurztitelaufnahme der Deutschen Bibliothek

Hütteroth, Wolf-Dieter
Palästina und Transjordanien im 16. [sechzehnten] Jahrhundert : Wirtschaftsstruktur ländl. Siedlungen nach osman. Steuerreg. – 1. Aufl.
– Wiesbaden : Reichert, 1978.
(Tübinger Atlas des Vorderen Orients : Beih. : Reihe B, Geisteswiss. ; Nr. 33)
ISBN 3-88226-017-3

Diese Arbeit ist im Sonderforschungsbereich 19, Tübingen, entstanden und wurde auf seine Veranlassung unter Verwendung der ihm von der Deutschen Forschungsgemeinschaft zur Verfügung gestellten Mittel gedruckt.

Gesamtherstellung: Hessische Druckerei GmbH, Darmstadt

Printed in Germany

INHALTSVERZEICHNIS

Der Bazar von Isfahan

von

Heinz Gaube und Eugen Wirth

Mit 73 Figuren im Text, 5 Karten im Anhang
und 32 Bildtafeln. 1978. XI, 315 Seiten, kart. DM 120,—

Obwohl der Bazar von Isfahan neben dem von Aleppo zu den architektonisch schönsten und wirtschaftlich bedeutendsten Bazaren des Orients gehört, ist er bisher noch keiner ernsthaften wissenschaftlichen Untersuchung gewürdigt worden. In Ergänzung und Erläuterung zu zwei Farbkarten des TAVO werden sowohl der heutige Baubestand in seiner historischen Entwicklung und architektonischen Vielfalt als auch die gegenwärtigen wirtschaftlichen Funktionen des Bazars untersucht. Die Betrachtung erstreckt sich auf fast 500 Einzelobjekte; diejenigen unter ihnen, welchen hinsichtlich ihrer Nutzung, ihres Typs oder ihrer architektonischen Qualität eine besondere Bedeutung zukommt, werden genau und umfassend vorgestellt. Damit wird zum ersten Mal versucht, erstens ein Inventar wirtschaftlicher Zweckbauten innerhalb einer traditionellen orientalischen Stadt vorzulegen, zweitens diese Zweckbauten in den übergeordneten historischen Zusammenhang hineinzustellen und drittens den Bazar selbst als ein vielfältig verknüpftes System wirtschaftlicher und sozialer Beziehungen zu verstehen, welches sich in erstaunlicher Flexibilität und Dynamik auch an moderne Entwicklungen anzupassen versteht. Fragestellungen der Stadtgeographie und der Wirtschafts- und Sozialwissenschaften werden ebenso berücksichtigt wie solche der Islamwissenschaft, der Kulturgeschichte und der Architekturwissenschaft.

Inhaltsübersicht umseitig

INHALT

Verzeichnis der Karten und Figuren im Text

1. Einführung

Das vorliegende Beiheft zum "Tübinger Atlas des vorderen Orients" soll nicht mehr als eine Erläuterung und teilweise Ergänzung zu einer Karte dieses Atlaswerkes sein. Die Karte zeigt die ländlichen Siedlungen Palästinas und ihre Wirtschaftsstruktur gegen Ende des 16. Jahrhunderts, also etwa noch zur hochosmanischen Zeit. Damit ist ihr im Rahmen des Atlaswerkes ein bestimmter methodischer Platz zugewiesen: Sie illustriert im einzelnen, wie einige Osmanische Regierungsbezirke *(livā')* wirtschaftlich strukturiert waren. Die Überblickskarten zur Verwaltungs- und Lehens-Organisation des Osmanischen Reiches (vgl. BIRKEN 1976) werden auf diese Weise für ein begrenztes Gebiet großmaßstäbig ergänzt, die ökonomische Basis der staatlichen Organisation wird deutlich.

Dieses Beiheft ist also weithin auf den Inhalt der Atlaskarte bezogen und sollte daher möglichst mit der Karte zusammen verwendet werden. Gleichzeitig stellt es die kürzere, deutschsprachige Zusammenfassung einer ausführlicheren Arbeit dar, in der der Verfasser zusammen mit einem Mitarbeiter die Siedlungs- und Wirtschaftsstruktur Palästinas im 16. Jh. behandelt.[1] Dieses Buch wird im folgenden mehrfach zitiert werden müssen, da dort in größerer Ausführlichkeit zahlenmäßige Belege tabellarisch und kartographisch ausgebreitet sind als es hier möglich ist.

Ziel dieser Darstellung ist es gewissermaßen die Lupe über eine historische Landschaft zu halten. Das bedeutet, es werden demographische und wirtschaftliche Daten bis hinab zur Ebene des einzelnen Dorfes ausgewertet. Da die Darstellungsart

1. W. HÜTTEROTH and K. ABDULFATTAH: Historical Geography of Palestine, *Transjordan and Southern Syria in the Late 16th Century. Erlanger Geographische Arbeiten, Sonderband 5, Erlangen 1977.*

kartographisch ist, erfordert dieser Versuch flächenhafte Geschlossenheit, es werden also alle Dörfer,Stämme,Städte des Untersuchungsgebietes gleichermaßen dargestellt. Dieses Verfahren großmaßstäbig-kartographischer Darstellung stellt eine notwendige Ergänzung zu bereits vorliegenden Arbeiten über Geschichte und Wirtschaftsgeschichte des Osmanischen Reiches dar. Allerdings kann diese Ergänzung -- wie alle auf kartographischer Darstellung basierenden Aussagen -- nur einen zeitlichen "Querschnitt" aus dem historischen Ablauf bieten. Die wünschenswerte Vielzahl solcher Querschnitte scheitert am Arbeitsaufwand, aber auch, wie noch darzulegen sein wird, an der Unvollständigkeit der Quellen.

Die vorhandenen Primärquellen zur Geschichte des Osmanischen Staates, soweit sie für wirtschafts- und sozialgeschichtliche Fragestellungen ergiebig sind, haben in ihrer Masse entweder normativen, oder diplomatischen, oder statistischen Charakter. Am bekanntesten sind die normativen Quellen, die Gesetzessammlungen, wie sie bereits J.v.HAMMER (1815) zur Verfügung standen.Die erste moderne kritische Ausgabe der Provinzialgesetze, die vor allem die wirtschaftshistorisch so wichtigen Reglementierungen über Bodenrecht und ländliches Steuerwesen enthalten, wurde von BARKAN (1943) herausgebracht. Es handelt sich dabei um die Gesetze, die in den Bänden der *taḥrīr defterler* oder *mufaṣṣal defterler* ("Vilayet-Konskriptionen") dem statistischen Inhalt vorangestellt sind. BARKAN hat dabei vorwiegend die im Basvekalet Arsivi in Istanbul liegenden Registerbände ausgewertet, d.h. vorwiegend die bis zur Mitte des 16. Jh. abgefaßten Gesetze. MANTRAN und SAUVAGET (1951) haben davon diejenigen, die die syrischen Provinzen betreffen, auszugsweise ins französische übersetzt und kommentiert, auch noch einige von BARKAN noch nicht publizierte Gesetze hinzugenommen. Die letzte bekannte Version dieser Gesetze -- die sich allerdings inhaltlich von den älteren wenig unterscheidet -- ist der "jüngsten Generation" von Vilayet-Konskriptionen, d.h. den Registern über die letzte durchgeführte Erhebung Ende 16. Jh., vorangestellt. Diese Register liegen im Tapu ve Kadastro Arşivi in Ankara; die Gesetze sind bisher nur in einer nicht ganz befriedigenden neutürkischen Übersetzung von H.TUNCER

(1962) ediert.

Es gehört zum Wesen von normativen Quellen, daß sie den Zustand eines Landes so spiegeln,"wie er sein soll", und darin liegt die Begrenzung ihres Aussagewertes.

Eine zweite Gruppe von Quellen kann man als diplomatisch und judikativ bezeichnen. Dazu gehören die Firmane des Sultans und der Schriftverkehr der Hohen Pforte mit den Provinzialinstanzen. Diese Dokumente geben Einblick in die jeweils aktuellen einzelnen Regierungsgeschäfte und in die Tätigkeit der Staats- und Finanzverwaltung. Ein Großteil dieser Korrespondenz ist in den *mühimme defterleri* überliefert, die schon mehrfache Beachtung und Behandlung gefunden haben. Für das hier behandelte Gebiet hat U.HEYD (1960)eine größere Zahl von Firmanen aus den *mühimme deferleri* publiziert und kommentiert. Sie bieten ein außerordentlich farbiges, lebendiges Bild vom Leben der Zeit, von Verwaltung, Rechtsprechung, Handel und Verkehr. Allerdings: Die meisten Firmane wurden erlassen, um irgendwelche Mißstände abzustellen, und folglich ist relativ viel von Rebellionen und Räuberei, von Korruption, Unterdrückung und Ungerechtigkeit die Rede. Der Eindruck vom Zustand des Landes, den der unbefangene Leser gewinnt, ist also genau entgegengesetzt zu dem, der sich aus der Lektüre der Gesetze ergibt. Das gleiche gilt für die *şeri'at sicilleri*, die Gerichtsprotokolle, die vom 16. Jh. ab in größerer Zahl in den einzelnen Kadi-Sitzen geführt wurden und erhalten sind. Diese Protokolle über Amtshandlungen der Kadis -- die weit mehr als Urteile umfassen und vielfach auch notarielle und administrative Tätigkeiten einschließen -- sind seit längerem bekannt und werden ausgewertet (vgl.für Palästina J.MANDAVILLE 1975, A.LAYISH 1975). Allerdings fehlt immer noch der Versuch eines zusammenfassenden Vergleichs und einer wirtschafts- und sozialhistorischen Interpretation.

An statistischen Quellen liegen mit den *taḥrīr defterleri* oder *mufaṣṣal defterleri*, den "Vilayet-Konskriptionen", wie sie ihr erster systematischer Bearbeiter, L.FEKETE (1955) genannt hat, quantifizierte Informationen ersten Ranges vor. Ihr grundsätzlicher Aufbau und ihre Ergiebigkeit ist mehrfach dargestellt worden (vgl.vor allem die zahlreichen Arbeiten von Ö.L. BARKAN) und auch in regionalen Einzeluntersuchungen mehrfach analysiert. Diese Register sind angelegt worden zu dem Zweck, für die Regierung die Steuerquellen evident zu halten, und das bedeutet, daß sie notwendigerweise möglichst ungeschminkt und vollständig den demographischen und wirtschaftlichen "ist-Zustand" des Landes wiedergeben mußten. Wahrscheinlich sind dennoch Ungenauigkeiten und Fehler unterlaufen, aber sicher sind Tendenzdarstellungen nicht zu erwarten. Auf diesen *mufaṣṣal defterler* ("ausführlichen Registern") beruhten schließlich die *icmal defterler* ("zusammenfassenden Register"), die die Lehen mit ihrem fiskalischen Wert enthielten und in denen alle Verleihungen von Lehen dokumentiert wurden.

Solche Steuerregister haben als Mittel der Fiskalverwaltung eine längere vorosmanische Tradition (HINZ 1950). Vom Osmanischen Staat wurden sie erstmals im 15. Jh. angelegt, für das 16. Jh. liegen sie für die meisten Provinzen, in denen das *tīmār* -System galt (vgl.Karte bei BIRKEN 1976) mehrfach vor, der Zensus wurde alle zwei bis drei Jahrzehnte wiederholt. Gegen Ende des 16. Jh. wurden sie letztmalig angelegt, danach verfiel dieses steuertechnische System zusammen mit dem osmanischen Lehenswesen, dessen fiskalische Kontrollbasis es darstellte. Die Serie der letzten Register, vielfach auch *defter-i cedid* ("neue Register") genannt, behielt deshalb weiterhin theoretischen fiskalischen Wert, da keine neuen Erhebungen folgten. Dementsprechend werden sie -- bis heute!-- nicht im Staatsarchiv, sondern im zentralen Grundbuch- und Katasteramt (Tapu ve Kadastro Arşivi) in Ankara aufbewahrt.

Wegen der Chance, aus diesen "ausführlichen Registern" quantifizierte Details über den faktischen Landeszustand von Teilen des Osmanischen Reiches zu erfahren, haben mehrere Bearbeiter bereits Editionen und Bearbeitungen herausgebracht. Das Problem ist dabei immer, mit welchem Grad von Detailliertheit man die ungeheure Fülle von Namen und Daten bewältigt, und mit welchem Ziel die Bearbeitung erfolgt. So liegt von JIK'IA (1947) eine Edition eines defter von Gürcistan (West-Grusinien) vor, die nur die Siyaqat-Schrift der Vorlage in besser lesbare osmanische Druckbuchstaben umsetzt. McGOWAN (1957) hat den Inhalt des defter von Sirem in transskribierter Form ediert und kommentiert, mit sämtlichen Namen und Zahlenangaben, ein Werk von über 800 Seiten für einen Sancak! Andere Bearbeiter verzichten wegen des ungeheuren Umfangs des Materials auf Einzelwiedergabe des Inhalts der defter und konzentrieren sich auf interpretierende Auswertung. Verwaltungsgliederung, Lehensgliederung und Verteilung, demographische und ökonomische Zusammenfassungen und Vergleiche stehen demgemäß im Mittelpunkt. Hierzu gehören beispielsweise die Bearbeitungen von BARKAN (1940, 1958, 1970) für den Gesamtstaat, von HALASI KUN (1964 bis 1975) für das östliche Ungarn, von GÖYÜNC (1969) für den Sancak Mardin. Von HÜTTEROTH (1968) wurden die Informationen des *mufaṣṣal defter* von Konya in historisch-geographische Fragestellungen einbezogen, und COOK (1972) wertete sämtliche vorhandenen Register von Tokat, Hamid und Aydin für vielfältige demographische und wirtschaftshistorische Fragestellungen aus. Für Palästina hat B. LEWIS in mehreren Arbeiten (1951, 1952, 1954) Pionierarbeit geleistet. Immer jedoch mußten Kompromisse angesichts der Materialfülle gemacht werden: Die topographische Dokumentation mußte mangels verläßlicher Karten vernachlässigt werden, oder die Zahlenangaben der Register ließen sich nur in Beispielen und/oder in Zusammenfassungen darbieten, oder die Quellen wurden nur unter einzelnen Aspekten ausgewertet.

Für alle Bearbeiter bestand gleichermaßen das schwerwiegende Problem der topographischen Identifizierung. Zwar die Lage der einzelnen Verwaltungseinheit, des jeweiligen *sancak (livā'), kaza (qażā')* oder *nāḥiya*, war einigermaßen bekannt, aber die Lokalisierung der einzelnen genannten Dörfer bot beträchtliche Schwierigkeiten. Der Versuch kartographischer Darstellung findet sich demgemäß nur bei McGOWAN, HALASI KUN, HÜTTEROTH und GÖYÜNC. Die Schwierigkeiten sind weitgehend in der Instabilität der ländlichen Siedlungen selbst begründet. Allgemeine Unsicherheit, Zerstörung oder Aufgabe der Dörfer im Laufe der Verfallsperiode des Reiches (vgl. M.AKDAG 1945, 1963) ließen nicht nur Ortsnamen und topographisch fixierte Besitz- und Nutzungsrechte in Vergessenheit geraten, sondern auch die aus vergänglichem Material (Lehm, Holz) gebauten Dörfer selbst weitgehend verschwinden (zum Problem der Wüstungsforschung im Orient vgl. HÜTTEROTH 1968).

Die lokale Identifizierung der im Register genannten Orte ist jedoch die Voraussetzung für vieles andere: Die Grenzen der Verwaltungseinheiten, *nāḥiya, kaza (qażā')* und *livā' (sancak)*, können ohne Kenntnis der Dorflagen nur äußerst vage bestimmt werden. Die Einschätzung der wirtschaftlichen Informationen der Register setzt voraus, daß man die Möglichkeit entsprechender Produktion an dem betreffenden Ort nachprüfen oder wahrscheinlich machen kann.

Die lokale Identifizierung war daher auch die Hauptarbeit, die für die vorliegende Karte und die Vergleichskarten (vgl. Fußnote 1) getan werden mußte. Sämtliche verfügbaren Kartenwerke (vgl. Lit.-Verz.) wurden dafür herangezogen. In zahlreichen Fällen, in denen der damalige Ort heute nur noch als Wüstung (*khirbet* der englischsprachigen Karten) existiert, mußten Geländebegehungen ergänzend hinzutreten.

Einen wesentlichen Vorteil bietet allerdings das Beispielgebiet Palästina gegenüber manchen anderen Teilen des Osmanischen Reiches : Infolge begrenzter Zahl von Wasserstellen und zusätzlich infolge der traditionellen Steinbauweise sind die Siedlungen auffällig lagekonstant. Auch die Ortsnamen, einschließlich der Namen der Wüstungen, sind seit vierhundert Jahren so gut wie unverändert. Ihre Lesung bereitet zudem geringere Schwierigkeiten als in Reichsteilen mit nichtarabischer Sprache. Nur diesen Fakten war es zu verdanken, daß in der vorliegenden Untersuchung ca. 70 % - 80 % der im Register genannten Dörfer identifiziert werden konnten, und daß damit ein relativ vollständiges Bild entstand.

In der Karte wurden die nicht identifizierten Orte dennoch mit aufgenommen, um den Gesamteindruck von Siedlungsdichte und Wirtschaftskraft zu ermöglichen. Die Symbole für diese

Dörfer wurden innerhalb der kleinsten Verwaltungseinheiten *(nāḥiya)* an solche Stellen placiert, wo etwa im 19. Jahrhundert (ausweislich der Karte des Palestine Exploration Fund) Dörfer lagen,die jedoch im Register des 16. Jh. nicht auftauchen. Selbstverständlich wurde dabei in jedem Einzelfall geprüft, ob die Angaben des Registers über Ortsgröße und Produktionsstruktur an dem betreffenden Ort hätten zutreffen können. Innerhalb der nāḥiyas sind also alle damals vorhandenen Orte dargestellt, wenn auch ein gewisser Prozentsatz davon nicht lagerichtig sein kann. Diese unidentifizierten Orte sind durch eine besonder Signatur unterschieden.

2. Der Aufbau der Register und die Verwaltungsorganisation

Für die vorliegende Untersuchung (vgl.Fußnote 1)wurden die im Tapu-ve Kadastro Arşivi in Ankara liegenden folgenden Registerbände (defter-i mufassal) herangezogen:

Nr. 112	livā' -i	Quds aš-Šarīf (Jerusalem)
Nr. 100	livā' -i	Nāblus
Nr. 192	livā' -i	Ġazza
Nr. 181	livā' -i	Laǧǧūn
Nr. 185	livā' -i	Aǧlūn
Nr. 72	livā' -i	Ṣafad
Nr. 99	livā' -i	Šām aš-Šarīf der qażā'-i Ḥaurān

Davon konnten die fünf erstgenannten Bände 1968 mit amtlicher Genehmigung auf Mikrofilm aufgenommen werden,die beiden letzten Bände durften 1973 nur vom Verfasser handschriftlich kopiert werden.

Die Datierung der Register geht aus einer Nennung des Datums hervor, die die Einleitungsformel (Nennung des regierenden Sultans und der verantwortlichen Beamten) abschließt. Sie heißt,in Buchstaben, *sanat ḫams wa alif*,"im Jahre fünf und tausend" (1005 H.= 1596/97 n.Chr.). Formel und Jahreszahl sind gleich für die Register von Quds,Nāblus, Laǧǧūn und Aǧlūn. Für Ṣafad, Ġazza und Ḥaurān liegt keine Kopie der entsprechenden Seite vor. Der sonstige Aufbau der Register ist aber genau der gleiche, so daß wohl auch Gleichzeitigkeit der Abfassung angenommen werden kann.

Der Aufbau des Hauptinhalts der Register folgt nicht in allen Provinzen des Osmanischen Reiches genau dem gleichen System. Genauso wie die Provinzialgesetze *(kanunlar)* folgt auch die Praxis der Fiskalverwaltung offenbar gewissen regionalen Traditionen. Für die hier untersuchten sieben Registerbände des südlichen Groß-Syrien ist der Aufbau jedoch einheitlich, und zwar nach folgendem Prinzip:

Der Hauptinhalt, das Verzeichnis der einzelnen "fiskalischen Einheiten"-- Städte, Dörfer, Stämme, Einzelfelder etc. -- ist in drei Teile gegliedert, und zwar nach den berechtigten Empfängern der Einkünfte. Die erste Gruppe umfaßt die Einheiten, deren Zins und Zehnt dem Sultan zukommt, die zweite Gruppe diejenigen, die ihre Abgaben dem jeweiligen *mīr livā'* schulden [2], und die dritte Gruppe umfaßt die Dörfer und Flurteile, deren Abgaben größeren und kleineren Lehen *(zaʿāma* und *tīmār)* zustehen.[3]

Innerhalb jeder dieser drei Gruppen kommen einzelne fiskalische Einheiten vor, die ihre Abgaben an fromme Stiftungen *(vaqf)*, meist in Jerusalem oder Hebron, abführen. Jedoch geht in diesen Fällen immer ein bestimmter Teil der Einkünfte, mindestens die Personalsteuern, an den offiziell "bezugsberechtigten" einer der drei oben genannten Gruppen. Eine gesonderte Aufstellung der *vaqf*-Dörfer war also nicht möglich und auch nicht sinnvoll.

Innerhalb jedes dieser drei Teile des Registers ist eine Untergliederung nach kleineren Verwaltungseinheiten(*nāḥiya*) durchgeführt [4]. Die einzelnen fiskalischen Einheiten sind innerhalb der *nāḥiyas* fortlaufend numeriert, allerdings mit mit getrennten Zahlenfolgen für Sultan, *mīr livā'* und Lehensinhaber. Diese Zahlen der Originalquelle wurden zur Identifizierung in die Karte und in das diesem Heft angefügte Register mitübernommen. Da jedoch in einem nāḥiya die gleiche Nummer dreimal vorkommen kann, für Sultan, *mīr livā'* und Lehensinhaber, wurde ein zusätzlicher Buchstabe davorgestellt *(P = pādīšāh, M = mīr livā', Z = zaʿāma wa tīmār)*.

[2] vgl. Beginn eines solchen Abschnittes in fig. 11
[3] vgl. Beginn eines solchen Abschnittes in fig. 9
[4] vgl. Beginn eines nāḥiya-Abschnittes in fig. 10,11,12

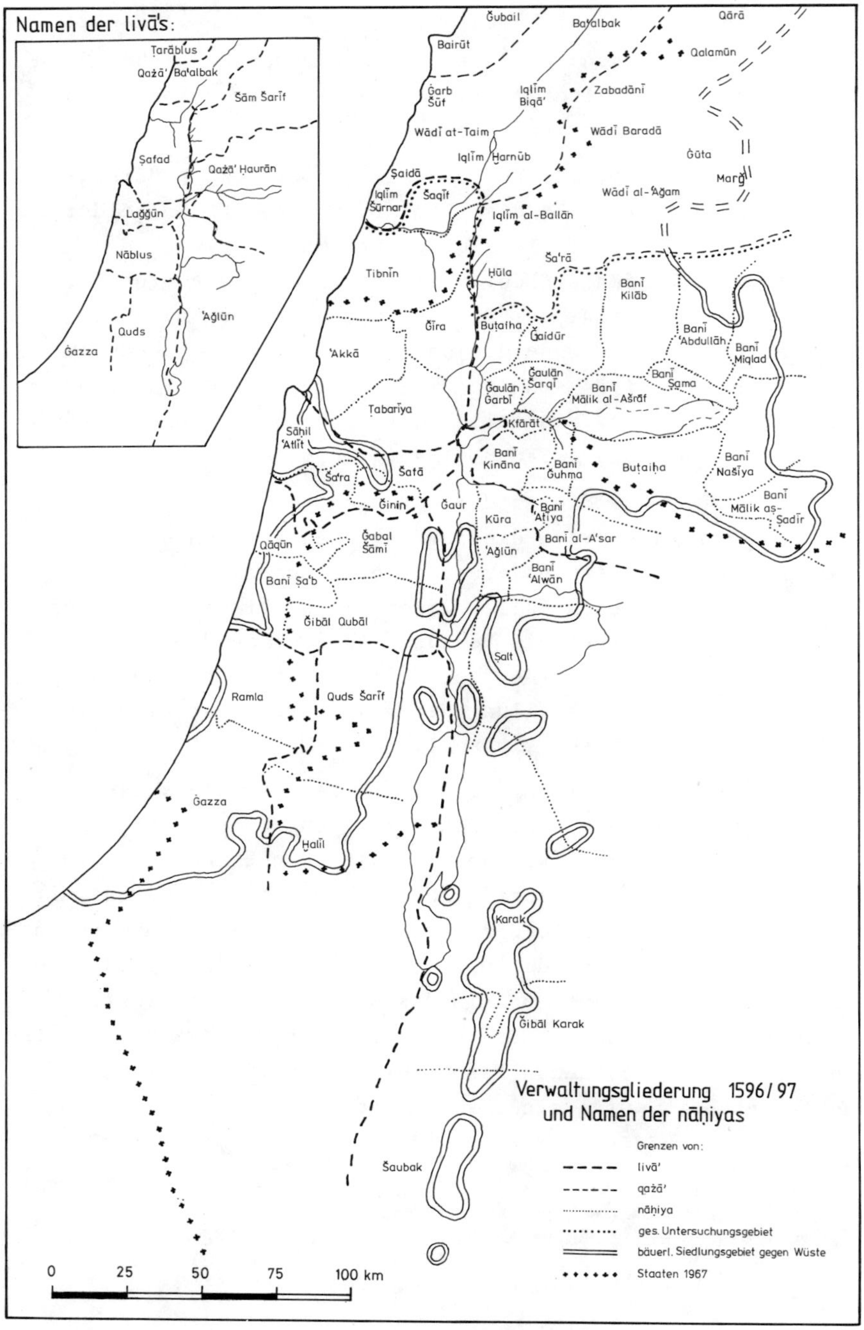

fig. 1 : Verwaltungsgliederung

Nur im qażā' Ḥaurān ergab sich die Schwierigkeit, daß im Register die fiskalischen Einheiten des *mīr mīrān* (des Statthalters der ganzen Provinz Damaskus) gemischt unter den fiskalischen Einheiten der kleineren Lehensinhaber aufgeführt und gemeinsam fortlaufend numeriert wurden. Hier wurde entsprechend "MZ" der jeweiligen Nummer vorangestellt. In der Karte sind damit die Dörfer des *mīr mīrān* und die der Lehensinhaber im qażā' Ḥaurān nicht unterscheidbar.

Die Reihenfolge der Aufzählung der fiskalischen Einheiten innerhalb der einzelnen nāḥiya-Abschnitte folgt keiner erkennbaren Ordnung, jedenfalls nicht in den Registerteilen, die den Einkünften des Sultans und des jeweiligen *mīr livā'* gewidmet sind. Bei den Lehensinhabern sind allerdings die Einzellehen jeweils zusammengefaßt, und Zwischenüberschriften (vgl.fig.9) wie *"tīmār-i ǧāwūš Karīm"* bezeichnen dann eine Gruppe von zwei oder drei Dörfern und einigen mazraᶜa, deren Abgaben zusammengenommen die Summe ergeben, die diesen Lehen haben darf.

Die entscheidende Bedeutung, die diesem Aufbau der Register für jede Auswertung zukommt, liegt darin, daß mit den nāḥiya relativ kleine Verwaltungseinheiten erfaßt und umgrenzt werden können. Das ist insbesondere deshalb von Bedeutung, weil die Grenzen der nāḥiyas, wenn sie erst einmal durch die Identifizierung einer größeren Zahl von Siedlungen zu beiden Seiten annähernd bestimmt sind, den Raum einengen, in dem nach den noch nicht identifizierten Siedlungen zu suchen ist.

Erstes Auswertungsergebnis und zugleich Arbeitsmittel für weitere Fragestellungen ist also eine Verwaltungskarte (Fig. 1) des Untersuchungsgebietes für das 16. Jh. Da sie auf der Identifizierung von Dörfern beruht, hat sie einen Genauigkeitsgrad, der für historische Verwaltungsgrenzkarten des Orients selten erreicht wird. Die Karte zeigt außer den Grenzen der livās und denen der nāḥiyas, die ja wüstenwärts vielfach "im Sande verlaufen", noch die Außengrenze des von Dauersiedlungen durchsetzten Raumes. Auch diese, kulturgeographisch äußerst wichtige Grenze des Bauernlandes gegen das Beduinenland konnte mit hinreichender Genauigkeit erst nach

Identifizierung der im Register genannten Dörfer gezogen werden. Technisch wurde so vorgegangen, daß um die äußersten wüstenwärtigen Dörfer ein 5 km- und ein 3 km-Abstandskreis mit dem Zirkel gezogen und die sich daraus ergebende Doppellinie dann generalisiert wurde.

Die Gliederung des Landes in livās und nāḥiyas entspricht einer Praxis, die aus allen Teilen des Osmanischen Reiches bekannt ist. In der Provinz Šām aš-Šarīf (Damaskus) gab es Ende des 16. Jh. außer den hier bearbeiteten livās noch diejenigen von Šām aš-Šarīf selbst *("pāšā livāsi")*, ferner Ḥimṣ, Ḥamāh, Ma^c^arra, und Ṭarāblus aš-Šām (einschl. Ṣaidā und Lāḏiqīya). Das livā' Šām aš-Šarīf war mit Abstand das bedeutendste, es umfaßte außer der Stadt Damaskus und dem zentralen livā' noch die qażās Ba^c^albakk (Biqā^c^) und Ḥaurān, die ihrerseits durchaus die Größe und Bedeutung von livās hatten. Ḥaurān ist in den Karten eingeschlossen, Ba^c^albakk und das zentrale livā' Šām erscheinen noch größtenteils auf fig. 1. Die Namen der zugehörigen nāḥiyas wurden bei Durchsicht des defter von Šām noch mit aufgenommen, die Dörfer nicht mehr, weshalb dort keine nāḥiya-Abgrenzung mehr vorgenommen werden konnte.

Die Größe der livās ist nach Bevölkerungszahl und Steuerkraft überraschend einheitlich (vgl. fig. 2 und 4). Lediglich das livā' Laǧǧūn ist merklich kleiner. Allerdings ist von diesem livā' bekannt, daß es erst Anfang des 16. Jh. speziell für die Familie Ṭarabāy (vgl.fig. 11)geschaffen wurde, und zwar durch Ausgliederung des nāḥiya marǧ ibn ^c^Amr aus dem livā' Nāblus und Erhebung zu einem eigenen livā' (vgl. LEWIS 1951, p.154; dazu HÜTTEROTH und ABDULFATTAH 1977,p. 18 f.).

Die Grenzen der livās folgen weithin historischen Grenzlinien, die als *mamlakat*- oder *^c^amal*- Grenzen bereits in mamlukischer Zeit von Bedeutung waren (vgl. ATLAS OF ISRAEL 1970, Karte IX/11). Größen, Grenzen und Namen der nāḥiyas sind dagegen variabler. Neben nāḥiyas mit sehr zahlreichen Dörfern (Quds 184, Ġazza 126) stehen sehr kleine nāḥiyas mit sehr wenigen Dörfern (Kfārāt 10, Ǧibāl Karak 8, Banī Ṣarma 7).

Die livās Quds und Ġazza sind jeweils nur in zwei nāḥiyas gegliedert, während das deutlich kleinere livā' ᶜAǧlūn immerhin 8 nāḥiyas hat, das qażā' Ḥaurān ist sogar in 17 nāḥiyas gegliedert.

Gründe für diese unterschiedliche Dimensionierung der nāḥiyas sind nicht ohne weiteres einsichtig. Einen gewissen Hinweis mag die Tatsache geben, daß nach den nāḥiya-Namen drei Typen unterscheidbar sind: Erstens solche, die sich von m.o.w. alten Landschaftsnamen herleiten, wie Kfārāt, Butaina, Ǧaulān, Ǧabal Šāmī,Sāḥil ᶜAtlīt u.a. Zweitens diejenigen,die nach einem bestimmten Hauptort benannt sind, wie Ramla, Qāqūn, ᶜAkkā, Ḫalīl. Drittens schließlich diejenigen, deren Name ein Stammesname ist.: Banī ᶜAlwān, Banī Ṣaᶜb, Banī Kilāb, Banī Našīya etc. Vor allem die letztgenannte Gruppe weist darauf hin, daß es offenbar zur Verwaltungspraxis gehörte, bestimmten Stammesarealen zur Vereinfachung der Steuerkontrolle den Status eines nāḥiya zu geben. Sie wurden aus älteren nāḥiyas gewissermaßen "herausgeschitten". Freilich geht das aus den zugrundeliegenden Registern nicht direkt hervor. Die konkreten Stammesnamen, die als fiskalische Einheiten erwähnt werden, sind ganz andere als die "Banī-" nāḥiya-Namen. Andererseits zeigt aber die Vielzahl von nāḥiyas, die bis zum späten 19. Jh. noch eingerichtet wurden (meist durch Abgliederung von bestehenden nāḥiyas) und die ebenfalls vielfach Stammesnamen tragen, daß diese Praxis weiterhin geübt worden sein muß (vgl.map of the Palestine Explor. Fund 1880).

Die Instabilität der nāḥiya-Grenzen in Palästina steht in Widerspruch zu Erfahrungen, die in anderen Teilen des Osmanischen Reiches gemacht wurden. (vgl. HÜTTEROTH für Zentralanatolien 1968, HALASI KUN für Südungarn 1975), wo über lange Zeiträume, z.T.vom Mittelalter bis in die Gegenwart, eine Konstanz der Verwaltungsgrenzen nachgewiesen werden konnte. Die Instabilität der nāḥiya-Grenzen entspricht ihrer administrativen Funktionslosigkeit: Ein nāḥiya muß durchaus nicht immer ein bestimmtes Zentrum haben, nicht einmal einen gemeinsamen Markt. Eine Art "nāḥiya-Verwaltung" mit einem speziellen Beamten ist bis zur Tanzimat-Periode des 19. Jh.

nicht bekannt. Der einzige Grund für die Existenz dieser Verwaltungseinheit scheint die fiskalisch "handliche" Größenordnung historischer Kleinlandschaften oder Stammesgebiete zu sein, die die Abgrenzung von bestimmten Arealen zum Zweck der Organisation des Steuereinzugs erleichterte.

3. Die fiskalischen Einheiten

Als "fiskalische Einheit" wurde von der osmanischen Finanzverwaltung offenbar jeweils das angesehen, was erlaubt, an einem bestimmten Platz eine bestimmte Summe (oder deren Gegenwert in Naturalien) zu erheben. Alle fiskalischen Einheiten sind folglich mehr oder weniger topographische Einheiten: Städte (*qaṣaba, madīna*) Dörfer *(qarya)*, isolierte Feldkomplexe abseits der gewöhnlichen Feldfluren *(mazra^{c}a)*, einzeln liegende Weingärten *(karm)*, isolierte Mühlen *(ṭāḥūn)*, Karawanserays *(ḫān)* Häfen *(iskila)*, einzelne Feldstücke *(qiṭ^{c}a arḍ)*. Die Nomadenstämme *(ǧamā^{c}a)* sind zwar nicht topographisch fixiert, werden aber zwecks Steuerveranlagung jeweils einem bestimmten nāḥiya zugeschrieben, in dessen Grenzen ihr gewöhnlicher Aufenthalt ist.

Jede dieser fiskalischen Einheiten ist doppelt definiert: Erstens hat sie jeweils in der Reihenfolge der Aufzählung im Register eine bestimmte Nummer, und zweitens läßt sich ihr Geldertrag immer in einer zusammenfassenden Summe *(yakūn)* darstellen. Auf diese abschließenden Summen kam es an, denn aus ihnen wurden die Einkünfte der einzelnen Lehen zusammengesetzt. Es war geradezu eine Notwendigkeit, daß es neben sehr großen fiskalischen Einheiten auch sehr kleine (z.B. einzelne Grundstücke) gab, damit der Finanzbeamte durch geschicktes Kombinieren der Abgaben verschiedener Einheiten jeweils die für ein Lehen zulässigen Ober- und Untergrenzen einhalten, resp. in vielen Fällen gerade noch unter der Obergrenze bleiben konnte.

Die wichtigsten dieser Einheiten sind nach Zahl, Bevölkerungszahl (vgl. fig.2) und Wirtschaftskraft (vgl. fig. 4) die Dörfer. Das Prinzip der Auflistung und Darstellung der Dörfer im daftar-i mufaṣṣal ist mehrfach dargestellt worden (am ausführlichsten bei FEKETE 1955), hier sind zur Verdeutlichung Beispiele für einige palästinensische Dörfer im Original und in Transkription beigegeben (vgl.fig. 6-14).

Bedeutsam ist, daß unter der Klassenbezeichnung "qarya" (Dorf) und dem Namen des betr. Dorfes die steuerpflichtigen Untertanen einzeln und namentlich aufgeführt werden. Steuerpflichtig sind alle Familienväter, sofern sie nicht unter bestimmte Ausnahmeregelungen fallen, sowie sämtliche männlichen Junggesellen. Die Bezeichnung der Junggesellen ist wie wohl in allen Provinzen *"muǧarrad"*. Die Familienväter, in anderen Registern als *"muzevveǧ"*(Verheirateter) oder nach der Hofgröße als *çift, nīm çift* oder *bennak*(etwa Vollhöfner, Halbhöfner, Käthner) bezeichnet,heißen in den syrischen livas *"ẖāna"*, womit eigentlich Haus oder Haushaltsvorstand bezeichnet sind. Diese namentliche Nennung der Familienvorstände und der Junggesellen ist die einzige Basis aller Kalkulationen über Bevölkerungszahlen (s.u.).

Darunter folgt die Nennung der einzelnen Steuerarten, die in dem betreffenden Dorf erhoben werden, unter diesen wiederum die jeweils zugehörigen Summen für das ganze Dorf. Schließlich folgt das *yakūn*, die Endsumme. Auf den Einzelsummen der Produktensteuern beruht im wesentlichen die Karte der Landnutzung.

Eine zweite wichtige Gruppe fiskalischer Einheiten sind die isoliert gelegenen Komplexe von Ackerflächen, die *"mazra^{c}a"* (vgl. fig.13, 14). Die Deutung und die Übersetzung dieses Terminus wird etwas verschieden gehandhabt (vgl. FEKETE 1955, S.77, HÜTTEROTH 1968, S. 169 f.).Für Palästina und angrenzende Gebiete ist die Beschreibung jedoch recht klar, sie ergibt sich aus Bedingungen des Reliefs und Anbaugewohnheiten, die bis in die Gegenwart reichen. Infolge der Kleinkammerung des Berglandes hat kaum ein Dorf seine Ackerflur in einem großen geschlossenen Stück zusammenliegen. Zwar liegt ein größerer Teil der Felder, Olivenpflanzungen, Gärten etc. in der Nähe des Ortes, jedoch finden sich im Bereich der gesamten Gemarkung, irgendwo zwischen dem Weideland , immer wieder mehr oder weniger große Flächen, die agrarisch genutzt werden können. Allerdings sind sie vom Ort selbst meist etwas weiter entfernt, und deshalb schlechter zu beaufsichtigen, so daß wertvolle Produkte mangels ständiger Beaufsichtigung dort kaum angebaut werden. Teilweise sind diese isolierten Anbauflächen Reste der ehemaligen Feldfluren eingegangener Dörfer, deren Ruinen (*"ẖirba"*, auf englischsprachigen Karten *"khirbet"*) oft noch zu finden sind. *mazra*^{c}*a* und *ẖirba* sind also oft inhaltlich dasselbe, wenngleich der eine Terminus die agrartechnische Nutzung, der andere den historischen Siedlungscharakter ausdrückt. Infolge der isolierten Lage haben resp. hatten die *mazra*^{c}*a* oft auch eigene Dreschplätze. Da nun die Abgaben auf die meisten Produkte in der Regel in natura erhoben wurden, und zwar noch bis zum 20. Jh. direkt nach der Ernte auf dem Dreschplatz, mußte es sich anbieten, diese isolierten Feldflächen als gesonderte fiskalische Einheiten zu behandeln.

Die Zugehörigkeit der *mazra*^{c}*a* zu bestimmten Dörfern geht manchmal -- leider nicht regelmäßig -- aus Bemerkungen hervor, die hinter dem mazra^{c}a-Namen folgen, wie *"tābi*^{c} *qarya x"* (zugehörig zum Dorf x). Die Unvollständigkeit dieser Information hat zur Folge, daß sich das Gesamtbudget einzelner Dörfer nie vollständig ermitteln läßt. Es ist nicht klar, wieviel *mazra*^{c}*a*-Land noch zu dem einzelnen Dorf dazugehört. Zwar lassen sich Durchschnittswerte für jedes nahiya und für jedes liva' (fig. 4) ermitteln, aber die Einzelzuordnung gelingt nicht. Ebensowenig läßt sich die Mehrzahl der *mazra*^{c}*a* topographisch identifizieren. Da sie in der Regel nur mit dem Namen ihres Besitzers bezeichnet sind, macht ihre Identifizierung so große Schwierigkeiten, daß in den Karten auf ihre Darstellung verzichtet werden mußte.

Ähnliche, aber noch kleinere fiskalische Einheiten sind *"qiṭ*^{c}*a arḍ"*(Stück Land), *"karm"* (Weingarten), *"bustān"*(Obst- und Gemüsegarten) und *"ḥākūra"*(Gemüsegarten). Sowohl ihre Zahl als auch ihre Steuersummen sind so gering, daß sie vernachlässigt werden können. An eine topographische Identifizierung ist in den allermeisten Fällen nicht zu denken.

Wichtigere fiskalische Einheiten sind die Stämme, in der Regel mit "*ǧamā*^{c}*a*"bezeichnet (vgl. fig. 10). Größere Stämme heißen bisweilen auch "*ṭāyifa*", die einzelnen Unterstämme werden dann als *ǧamā*^{c}*a* aufgeführt. Bedeutendere Stämme sind mit bekannten, z.T. berühmten Namen genannt, während kleinere Stämme oder Unterstämme der größeren einfach "*ǧamā*^{c}*at šaiḫ x*" heißen. Die Stämme zahlen in der Regel keine spezifisch aufgegliederten Steuern, sondern eine Pauschale,dazu allenfalls noch eine Personalsteuer und eine Steuer für Wasserbüffel. Insgesamt ist ihre pro-Kopf-Steuerlast etwa ein Drittel von der der Bauern (vgl.Abschn. 7).

Die Zuordnung der Stämme zu einzelnen Arealen, resp. die Fixierung eines Symbols für sie auf der Karte macht gewisse methodische Schwierigkeiten. Wir kennen nur die nāḥiyas, in denen sie veranlagt wurden, und müssen daraus schließen, daß hier jeweils ihre Sommer- oder Winterquartiere lagen,oder sogar beides. Da nun die Weidegebiete und damit Wanderungsrichtungen einem Naturzwang unterliegen, und sich die Nomaden bis zum 20.Jh. dem anpaßten, kann man ungefähr abschätzen, wo die jeweiligen Ergänzungsweiden gelegen haben müssen. Die Stämme des livā' ^{c}Aǧlūn beispielsweise sind sicher, wie die Ḥuwaiṭāt und die Banī Saḫr noch in unserer Zeit, im Winter und Frühjahr nach Osten in die Wüste gezogen. Die Dreiecks-Symbole in der Nähe der Dörfer bezeichnen somit die Sommer- und Herbstquartiere, wo alleine die Stämme durch die Verwaltung kontrolliert werden konnten. Für die Stämme der Küstenebenen muß angenommen werden, daß die versumpften Ebenen ihre Winterweidegebiete darstellten, allerdings auch die Sommerweiden für die Büffelherden. Ihr Aktionsradius dürfte kaum über die nāḥiya-Grenzen hinausgereicht haben.

Die Städte sind naturgemäß die kompliziertesten fiskalischen Einheiten. Ihre Bevölkerung wird nach Stadtvierteln, "*maḥalla*" getrennt aufgeführt (vgl. fig. 12). Danach folgen im Register die Einzelposten der verschiedenen Steuern, manchmal mehrere Duzend.Außer den Personalsteuern sind das insbesondere zahlreiche Spezialsteuern für einzelne Handwerke, Handelsbranchen, Marktabteilungen etc.Sie können hier nicht alle genannt werden (vgl. hierzu HÜTTEROTH und

ABDULFATTAH 1977, S. 85 ff.)

Es ist wichtig festzuhalten, daß bei den drei Typen fiskalischer Einheiten, die eine Bevölkerung haben (Städte, Dörfer, Stämme), die fiskalische Erfassung nur bis zur jeweils zusammenlebenden Gruppe der Einwohner oder Stammes - angehörigen reicht. Von der Aufteilung der Steuern unter die einzelnen Untertanen wissen wir nichts, weder in den Gesetzen (vgl.MANTRAN et SAUVAGET 1951) noch in den Registern selbst ist davon die Rede. Der Staat resp. die berechtigten Empfänger der Abgaben kümmerten sich nicht darum, wie die Steuersumme innerhalb des Dorfes, der Stadt oder des Stammes aufgebracht wurde.

Genausowenig ist etwas über die konkrete Aufnahme der Steuerkraft, d. h. über die Art und Weise der Durchführung des Zensus, bekannt.Auch FEKETE (1955, S.75) äußert praktisch nur Vermutungen darüber. I. BELDICEANU-STEINHERR hat kürzlich (1977) über eine aufgefundene Urkunde vorgetragen, die eine "Dienstanweisung" für einen Steuer-Emin darstellt. Die vollständige Publikation dürfte etwas mehr Aufschluß über die Art und Weise der Steuer-Festsetzung geben.

4. Bevölkerungsverteilung und Gliederung

Bei der namentlichen Aufzählung der Untertanen ist zunächst die Unterscheidung von "*ḫāna*", Haushalten (Haushaltsvorständen) und "*muǧarrad*", Junggesellen, von Bedeutung. Ihre Relation muß beachtet werden, wenn man einen bestimmten Faktor zur Ermittlung der ungefähren Bevölkerungszahl anwenden will (vgl. COOK 1972). In dem hier untersuchten Gebiet machen die Junggesellen etwa 8 % der Untertanen aus, mit gewissen Abweichungen nach oben oder unter in einzelnen nahiyas.

Um von der Zahl der *ḫāna* und *muǧarrad* die Bevölkerungszahl zu erschließen, werden verschiedene Faktoren angewendet. So meinte LEWIS (1954, p. 475, footnote) "ca. 5 - 7 seems a fair average"; COOK (1972) multiplizierte nur die *ḫāna* mit 4,5 und addierte dann die *muǧarrad*. BARKAN hat in mehreren Kalkulationen den Faktor 5 angewendet, und dem soll auch hier -- als einem mittleren Multiplikatorwert -- gefolgt werden.

Wendet **man** diesen Faktor an, so ergeben sich Bevölkerungszahlen nach Verwaltungseinheiten, die größenordnungsmäßig mit Zahlenschätzungen für andere historische Perioden und andere Regionen vergleichbar sind:

livā'	Quds	42 155	Ein.
"	Nāblus	39 960	"
"	Ġazza	56 950	"
"	Ṣafad	82 570	"
"	Laǧǧūn	7 490	"
"	ᶜAǧlūn	34 645	"
qażā'	Ḥaurān	76 430	"

Nimmt man die Einwohnerzahl von Palästina (innerhalb der mandatszeitlichen Grenzen) allein, so ergeben sich 206 000 Einwohner. Das Gebiet des heutigen Transjordanien (Königreich Jordanien östlich des Jordan) hatte etwa 51 000 Einwohner gegen Ende des 16. Jh. In diesen Zahlen sind die Lehensinhaber mit ihren Haushaltsangehörigen, eventuelle Sklaven sowie Soldaten nicht inbegriffen.

Interessant ist ein Vergleich der Bevölkerungsentwicklung, zumindest über den Zeitraum hinweg, für den uns mit den verschiedenen Erhebungen des 16. Jh. Quellen vorliegen. Für die palästinensischen livās hat B.LEWIS bereits (1954, p. 474 ff.) einen Überblick vorgelegt, der auf den livā'-Summen der Zählungen von 1525/26, 1533-39, 1548/49 und 1553-57 beruht. Um den Vergleich zu erleichtern, sind die Summen für Haushaltsvorstände, Junggesellen und steuerbefreite Personen, die LEWIS gesondert aufführt, zusammengefaßt worden. Den Zahlen von LEWIS werden hier die Erhebungsergebnisse von 1596/97 angefügt; darüber hinaus ist das livā' Laǧǧūn zu berücksichtigen, das LEWIS noch nicht einbezog. Zum Zeitpunkt der zweiten Erhebung muß Laǧǧūn jedoch noch ein nāḥiya von livā' Nāblus gewesen sein. (vgl. HÜTTEROTH und ABDULFATTAH 1977, p. 18 f.).

	1525/26	1533-39	1548/49	1553-57	1596/97
Ṣafad	5,909	-	-	17, 112	16,514
Ġazza	5,586	8,789	13, 964	13, 142	11,390
Quds	2,807	5,512	9, 135	-	8,431
Nāblus	-	6,628 (Nāblus und Laǧǧūn)	8, 970	-	7,992
Laǧǧūn	-		-	-	1,498

Der Vergleich der Zahlenreihen bestätigt im Prinzip die Auffassung vieler Autoren, daß im letzten Drittel des 16. Jh. bereits ein Rückgang der Bevölkerung im Osmanischen Reich festzustellen sei. Allerdings ist die Abnahme zwischen den Erhebungen von 1553-57 und der von 1596/97 nicht sehr stark, zudem ist sie nur für zwei livās nachweisbar, für zwei weitere muß auf den vorletzten Zensus zurückgegriffen werden. Immerhin ist der Bevölkerungsrückgang seit der Mitte des Jahrhunderts unbestreitbar.

Die Verteilung der Bevölkerung im untersuchten Gebiet zeigt interessante Schwerpunkte, relative Ballungsgebiete und auffallend siedlungsarme Regionen (vgl. hierzu Karte 1 in HÜTTEROTH and ABDULFATTAH 1977). Die Bergländer der historischen Landschaften Judäa, Samaria und Galiläa sind außerordentlich dicht besiedelt. Zwischen Samaria und Galiläa liegt allerdings mit den Ebenen von Laǧǧūn eine deutliche Verdünnungszone, die nördlich des Karmel sogar ein (nach den S. 9 genannten Prinzipien definiertes) unbesiedeltes Areal einschließt. Auffallend siedlungsarm ist auch die Küstenebene westlich von Samaria, die heutige Sharon-Ebene. Die küstenwärtigen Sumpf- und Dünengebiete sind sogar völlig siedlungsleer. Demgegenüber ist die Ġazza-Ebene bis nördlich Ramla außerordentlich dicht besiedelt, ein seltener Fall unter den mediterranen Küstenebenen jener Zeit. Die Deutung kann in zwei Dingen liegen: erstens enthält die Ġazza-Ebene im Gegensatz zu den nördlicheren Ebenen keine Sümpfe, so daß kaum Malariagefahr bestand, und zweitens sind die Nomadenstämme des Negev relativ unbedeutend, im Verhältnis zu der dichten dörflichen Bevölkerung der Ġazza-Ebene. In Transjordanien sieht demgegenüber die entsprechende Situation schon ganz anders aus: Gegenüber den mächtigen Stämmen der Balqāʾ und des südlichen Karak-Hochlandes sind die Bauern der paar Dörfer dieses Raumes hoffnungslos in der Minderzahl. Der Rückgang der Dauersiedlungsgrenze und der Verfall bäuerlicher Siedlungen in Transjordanien und im Ḥaurān ist sozusagen "vorprogrammiert": Mit dem Machtverfall des Staates mußten hier die Beduinen die Oberhand gewinnen. Ein Vergleich der Siedlungsdichte des 16. Jh. mit den Karten und Textangaben von SCHUMACHER (1886, 1897, 1899), WETZSTEIN(1860), RINDFLEISCH (1898), die gegen Ende des 19. Jh. den Ḥaurān beschrieben und kartographisch aufnahmen, zeigt das ganze Ausmaß des in der Zwischenzeit eingetretenen Wüstungsprozesses. Zwar ist dieser Wüstungsprozeß auch im Westjordanland zu bemerken, vor allem in der Ġazza-Ebene und im Hebron-Gebiet, aber die Außengrenze des Siedlungslandes insgesamt ist nicht soweit zurückgedrängt worden wie im Ḥaurān. Am stabilsten erwiesen sich, wie in vielen Teilen des Osmanischen Reiches, die Bergländer: Nordjudäa und Samaria, Galiläa und das zentrale Bergland von ᶜAǧlūn waren Inseln bäuerlicher Stabilität zwischen mehr oder weniger beduinisierten Ebenen.

Über die soziale Gliederung der Bevölkerung ist den Registern einiges aufgrund unterschiedlicher fiskalischer Behandlung zu entnehmen. Zunächst gibt es einige Gruppen religiöser Würdenträger, die von Steuern -- mindestens von den Sondersteuern *(ᶜavāriḍ)* -- eximiert sind; es sind dies der *mu'aḏḏin, imām* (vgl. fig. 12) *ḫaṭīb, šarīf, zāwiyadār* und *ḥakīm*. Die Funktionen sind bei allen bekannt und bedürfen keiner Erläuterung, lediglich der *ḥakīm* ist ein Sonderfall. Dieser Titel tritt nur achtmal und zwar im Zusammenhang mit den jüdischen Vierteln von Ṣafad auf, es muß also damit der jüdische *"hakham"* gemeint sein. Dies ist der einzige Fall von fiskalischer Bevorzugung nicht-moslemischer Personen. Eximiert sind weiterhin Blinde *(aᶜmā)*, Lahme *(aᶜraǧ)*, Geisteskranke *(maǧnūn)* und Krüppel *(mukassaḥ)*.

Wichtiger erscheint die Gliederung der Bevölkerung nach Religionen. Unterschieden wurden Moslems, Christen, Juden und Samaritaner. Die Moslems sind nicht weiter differenziert, obwohl die drusischen Dörfer und wohl auch die der Metoualis in Galiläa bereits bestanden (vgl.S.FALAH 1975). Bei den Christen spielten wohl nur die Griechisch-Orthodoxen eine Rolle.

Die religiöse Unterscheidung ist dreifach gesichert: Die Personennamen sind oft religiös identifizierbar, zweitens wird die Existenz von Christen oder Juden in einem Dorf durch eine Zwischenüberschrift *"ǧamāᶜat naṣārā"* (vgl. fig. 9, 12) oder *"ǧamāᶜat yahūdiyān"* angezeigt, und drittens schließlich ist der Steuerposten der *ǧizya*, der Kopfsteuer für Nichtmoslems, unübersehbar. Unter den konfessionellen Minoritäten finden sich Juden vor allem in Ṣafad, wo sie etwa 35 % der Bevölkerung (von etwa 12 000) stellen.Ein Teil des *"ǧamāᶜat yahūdiyān"* ist untergliedert in einzelne *"qabīla"* (Zweig, Gruppe, Unterstamm), deren Namen auf die Herkunft jüdischer Einwanderer hinweisen, wie z.B. *"qabīlat Māǧār"*

(Ungarn), *"q.Alāmān"*(Deutschland), *"q.Arāġūn ma^c Qatalān"* (Aragon und Katalonien) etc.Darüber hinaus gab es kleinere jüdische Gemeinden von wenigen Häusern in Ġazza, Nāblus, H̱alīl, wahrscheinlich auch in Quds, aber an dieser Stelle ist das Register unvollständig. Ländliche jüdische Gemeinden gab es ausschließlich in Galiläa, und zwar insgesamt acht Dörfer in den nāḥiyas Ǧīra (Ṣafad), ^{c}Akkā und Ṭabarīya. In allen acht Dörfern stellten die Juden nur eine Minderheit der Bevölkerung neben den Moslems.

Die christliche Bevölkerung war weiter verstreut. Einige fünfzig Dörfer hatten christliche Bevölkerungsteile oder waren, in wenigen Fällen, rein christlich. Derartige christliche Dörfer finden sich in allen Teilen des Untersuchungsgebietes, selbst bis in den Süden von Transjordanien (Šaubak) und in dem äußersten Osten des Ḥaurān (Ṣalḫad). Eine leichte Konzentration ist nur in der Umgebung von Jerusalem feststellbar. Die größte städtische Christengemeinde, ca. ein fünftel der rund 6000 Einwohner, hatte Ġazza. Jerusalem und Nāblus hatten demgegenüber nur sehr kleine Christengruppen, Ṣafad und H̱alīl überhaupt keine.

Die dritte Gruppe von Nichtmoslems sind die Samaritaner, deren Zahl im späten 16. Jahrhundert bereits recht klein geworden war. Sie existieren nur noch in Nāblus mit 20, in Ġazza mit 8 und in Ṣafad mit 5 Haushalten.

Abgesehen vom Aufkommen der *ǧizya*, der Kopfsteuer, unterscheiden sich die Siedlungen mit christlichem oder jüdischem Bevölkerungsteil wirtschaftlich in keiner Weise von der Masse der Moslemdörfer.

Für die Struktur des Wirtschaftslebens im Lande ungleich wichtiger ist die klar erkennbare Gliederung in die Lebensformgruppen der Bauern, der Städter und der Nomaden.

Die ländliche Bevölkerung, das heißt im wesentlichen die agrarisch tätige Bevölkerung, stellt wie zu erwarten den Hauptanteil. Palästina, aber auch noch große Teile des ^{c}Aǧlūn und des Ḥaurān sind im 16. Jahrhundert in erster Linie Bauernländer. Eine soziale Gliederung der ländlichen Bevölkerung, etwa in Größenklassen der bäuerlichen Betriebe

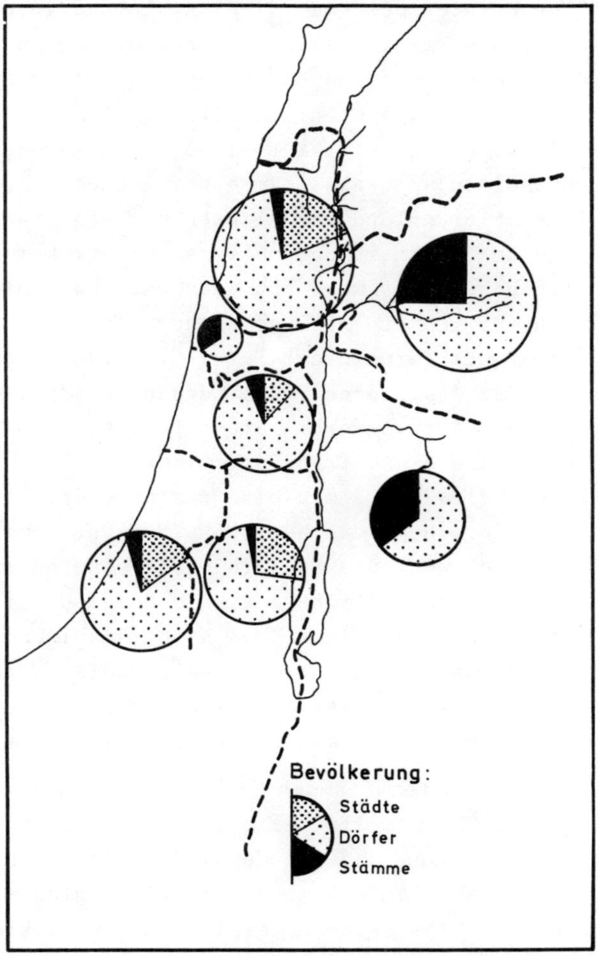

fig. 2 : Bevölkerunganteil von Städten,Dörfern
und nomadischen Stämmen (nach livās)

(çift, nīm çift, bennak) wie in den anatolischen sancaks gibt es in den syrischen Provinzen nicht.

Wie an den Grenzen des Dauersiedlungslandes gegenüber dem Nomadenland zu erwarten, stellen die nomadischen Stämme die nächst größte Lebensformgruppe. Ihr Anteil ist in den transjordanischen livās am größten: Im livā' ᶜAǧlūn zählen etwa zwei Fünftel, im Ḥaurān ein Viertel der Bevölkerung zu fiskalischen Einheiten, die als Stämme bezeichnet werden (vgl. fig. 2). Im Westjordanland verzeichnen die Register nomadische Stämme vor allem in den nāḥiyas, die größeren Anteil an den Küstenebenen, der marǧ ibn ᶜAmr oder dem Hulebecken haben, dazu natürlich die nāḥiyas an der südlichen (Ġazza) und östlichen (Quds) Grenze der Negev- resp.Judäischen Wüste. Auffällig ist,daß das kleine livā' Laǧǧūn, dessen Kernraum die marǧ ibn ᶜAmr ist, immerhin einen fast genauso hohen Nomadenanteil hat wie das transjordanische ᶜAǧlūn. Allerdings fällt bei diesen Stämmen eine Variante der Viehwirtschaft auf: Entsprechend den Möglichkeiten der sumpfigen Ebenen spielt die Zucht des **Wasserbüffels** eine besondere Rolle. Interessanterweise finden sich unter den büffelzüchtenden Stämmen mehrfach solche, die nicht-arabische Abstammung postulieren und dementsprechend als *"ǧamāᶜat Turkmānān"* (Türkmenen) oder *"ǧamāᶜat Akrād"*(Kurden) verzeichnet sind (vgl. Karte 1 in HÜTTEROTH and ABDULFATTAH 1977).

Unter den aufgeführten Stämmen finden sich berühmte Namen: Die Banī Saḫr und die Nuᶜaim sind bereits in der Balqā', die al-Ḥasma, die al-Ḥurūbīya und die Ḥuwaiṭāt im südlichen Transjordanien. Die kleineren Stämme des Westjordanlandes lassen sich seltener mit Stammesnamen des 19. und 20. Jahrhunderts identifizieren. Die Stämme des ǧabal Ḥaurān (Jebel Drouz) werden einfach als ᶜurbān Ǧabal zusammengefaßt. Die mächtigste Stammesgruppe ist nicht einheimisch, es ist das ǧamāᶜat Turkmānān des Ḥaurān,mit ihren Weidegründen zwischen Hulesümpfen und den Höhen des Ǧaulān. Sie waren zu mächtig,um einem Lehensinhaber selbst vom Rang eines *mīr livā'* oder gar *mīr mīrān* unterstellt zu werden, und zu verstreut, um in einem einzelnen nāḥiya registriert zu werden. Sie sind deshalb ohne nāḥiya-Zuordnung zu Beginn des Ḥaurān-Registers aufgeführt, und sie zahlen ihre Pauschalabgaben direkt an den Sultan. Auch andere größere Stämme führen ihre Abgaben allenfalls an den jeweiligen *mīr livā'* ab, nie an einen kleineren Lehensinhaber.

Die dritte der drei klassischen orientalischen Lebensformengruppen sind die Städter. Städte erscheinen in den Registern der syrischen Provinzen meist unter der Überschrift *"nafs"* ("selbst") (vgl. fig. 12), womit z.B. die Stadt Nāblus "selbst" im Unterschied zum ganzen livā' Nāblus gemeint ist. Allerdings wird diese Überschrift auch bei sehr kleinen Marktflecken verwendet. Nur bei H̱alīl erscheint noch der Zusatz *"madīna"*. Ṣafad wird einmal als *qaṣaba* bezeichnet, und zwei Dörfer des Ḥaurān, die früher einmal Städte gewesen sind, Dar^{c}ā und Azra^{c}, führen trotz ihres rein dörflichen Charakters, noch den anspruchsvollen Titel *"madīna"*. Sieht man von wenig bedeutenden Orten ab, dann gibt es im ganzen Untersuchungsgebiet nur fünf Städte, und alle sind nicht besonders groß:

Ṣafad	12 000	Einwohner
Ġazza	6 000	"
Nāblus	4.300	"
H̱alīl (Hebron)	3.500	"
Quds (Jerusalem)	7 000	"(geschätzt; Quelle unvollst.)

Das Ostjordanland hat überhaupt keine Stadt im eigentlichen Sinne. Wirtschaftlich scheint Šām aš-Šarīf (Damaskus) die ganze Region entlang der Pilgerstraße, vor allem den Ḥaurān, so beherrscht zu haben, daß für kleinere Städte kein Bedarf bestand.

Neben diesen eigentlichen Städten gibt es eine Anzahl von Orten, die formal als *"qarya"*, Dorf, klassifiziert sind, in denen auch im wesentlichen agrarische Steuern einkommen, wo daneben aber ein Steuerposten *"bāǧ bāzār"*(Marktzoll) (vgl. fig. 12) genannt wird, oder wo sogar einige nach Branchen differenzierte Marktabgaben aufgeführt werden (vgl. fig. 3).

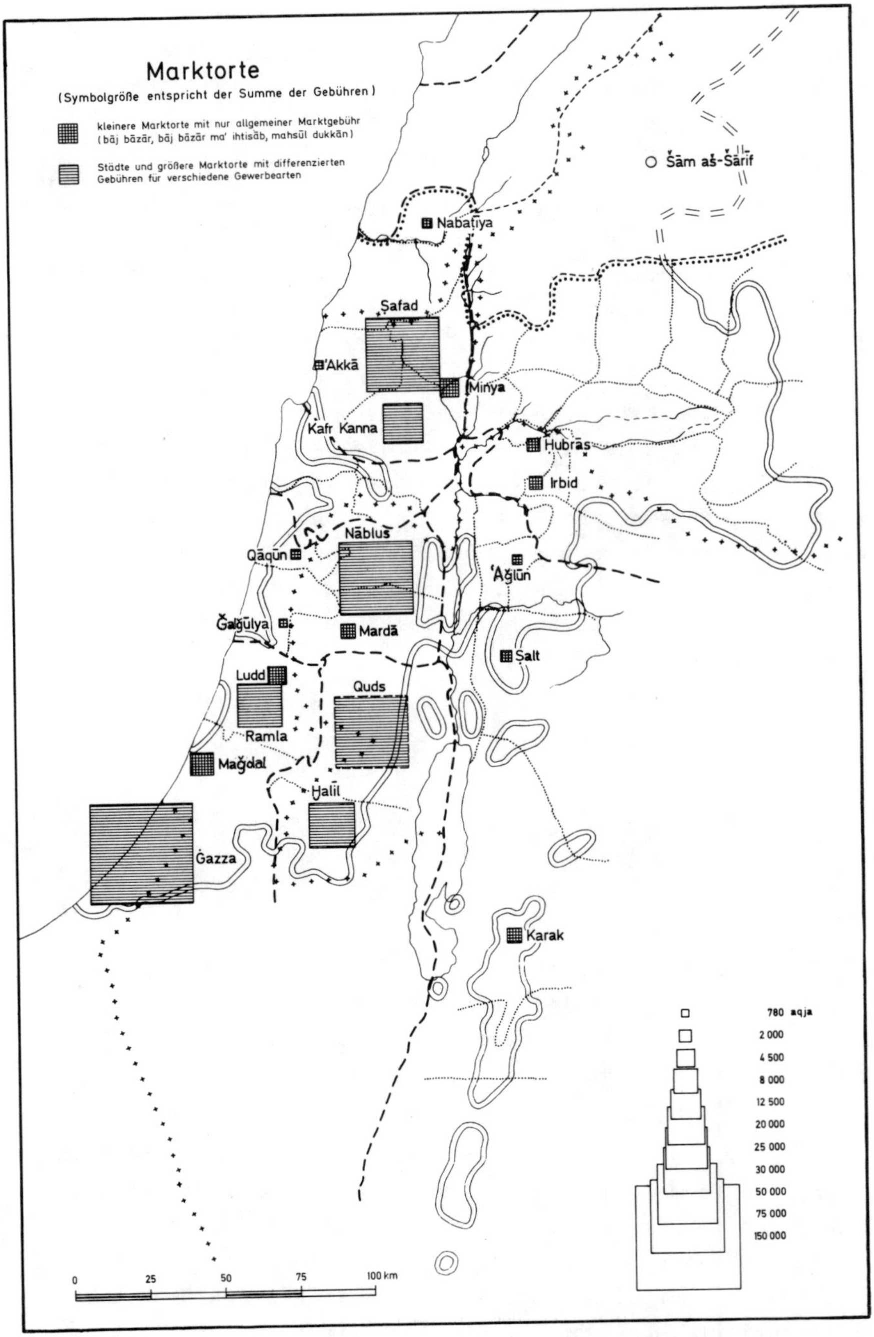

fig. 3 : Marktorte und ihre relative Bedeutung, entsprechend der Summe der Marktgebühren

Es handelt sich also um kleinere zentrale Orte, wahrscheinlich mit Wochenmarkt. Kafr Kanna im nāḫiya Ṭabarīya und Ramla sind die bedeutendsten, ihre Marktabgaben sind nach Branchen differenziert wie in den Städten und erreichen auch etwa die Höhe der Marktabgaben von Ḫalīl. Die dreizehn anderen Marktorte sind praktisch Dörfer mit agrarischer Bevölkerung, auch wenn es sich um heute (wie auch in vorosmanischer Zeit!) so bekannte Orte wie Ludd, ᶜAkkā, Irbid, ᶜAǧlūn, Ṣalt oder Karak handelt. Die pauschale Marktsteuer dieser Orte macht jeweils nur einen Bruchteil ihrer agrarischen Steuern aus.

Es scheint einleuchtend, daß die Nomaden mit ihren Pauschalabgaben verhältnismäßig geringer besteuert wurden als die Bauern. Man konnte sie eben nicht besser kontrollieren, und höhere Abgaben hätten sicher zu Unruhen geführt. Es ist jedoch sehr bemerkenswert, daß auch die Städter wesentlich geringer besteuert wurden als die ländliche Bevölkerung. Addiert man -- unter Ausschluß der in Stadt und Land gleichen Personalsteuern-- nur die städtischen Steuern, d. h. die Abgaben von Handel und Gewerbe, und dividiert sie durch die Zahl der Haushalte und *muǧarrad*, dann kommt im Mittel aller Städte eine jährliche Abgabesumme von 93,5 akçe pro *ḫāna* resp. *muǧarrad* heraus.Die Summe aller Abgaben der Bauern, einschließlich derer, die sie für ihre mazraᶜas zu zahlen hatten, ergibt demgegenüber pro Haushalt resp. *muǧarrad* einen Betrag von 245 akçe. Die Bauern trugen also finanziell die Hauptlast für den Staat, nicht nur absolut, sondern auch relativ.Der Vergleich der Sektoren in fig. 2 und fig. 4 macht das deutlich, besonders wenn man berücksichtigt, daß in fig. 4 der Sektor für die *mazraᶜa* ja noch größtenteils zu den bäuerlichen Abgaben zu rechnen ist.

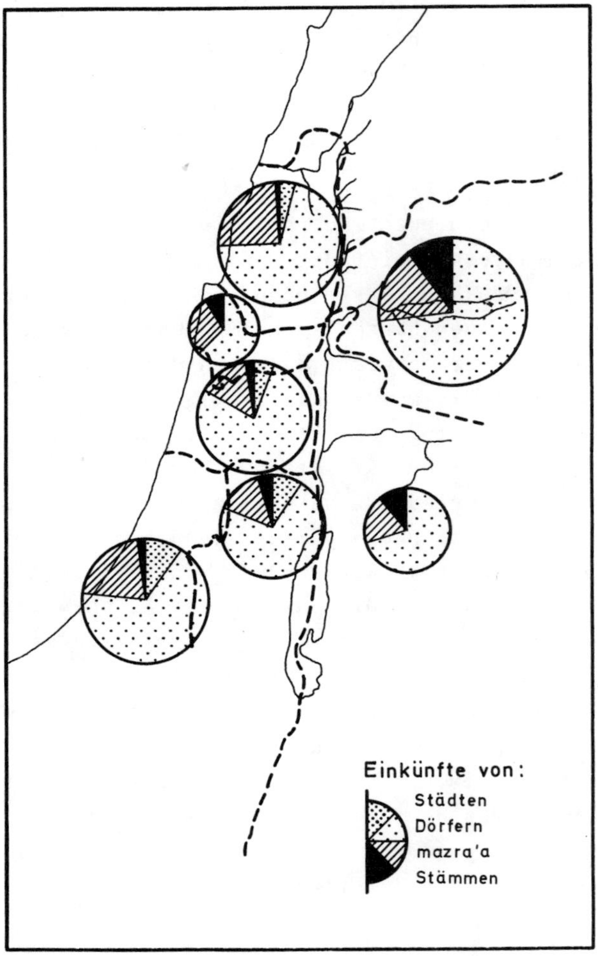

fig. 4 : Anteil fiskalischer Einkünfte von Städten, Dörfern, *mazra*^{c}*a*-Flächen (meist Dörfern gehörig) und von nomadischen Stämmen. Die Größe des Kreissymbols entspricht der Gesamtsumme der Einkünfte aus dem betr. livā'.

5. Die Arten agrarischer Steuern

In den Quellen folgt die Aufzählung der einzelnen Steuerarten einer bestimmten Reihenfolge, deren Kenntnis die Lesung sehr erleichtert. Natürlich kommen nicht alle (etwa drei Duzend) Steuerarten in jedem Dorf vor, je nach lokalen Anbaubeschränkungen fehlt diese oder jene Abgabe, und bestimmte Spezialkulturen werden überhaupt nur in ganz wenigen Orten versteuert. Aber immer stehen Weizen und Gerste an erster Stelle, und die ländlichen Personalsteuern kommen am Schluß. Die abzuführenden Steuersummen sind meist doppelt qualifiziert: In einer Maßeinheit für die Naturalabgabe und daneben in einer Geldsumme. Maßeinheiten sind in den südlichen syrischen livās *"ġarāra"* (Sack) und *"mann"* (Hohlmaß, etwa Liter). Das Geldäquivalent, das jeweils einer solchen Maßeinheit für ein bestimmtes Produkt entsprach, wechselt vielfach von livā' zu livā', das heißt,die Maßeinheiten hatten regional unterschiedliche Volumen. Ob der Geldwert, der von den osmanischen Finanzbeamten jeweils für eine Maßeinheit eines bestimmten Produktes festgesetzt war, dem realen Marktwert entsprach, ist zu bezweifeln. Da hier jedoch nur Vergleiche innerhalb des Landes angestellt werden, ist das ohne Belang, denn wie auch immer der Kurs des akçe angesetzt werden mag, sein relativer Vergleichswert zu den agrarischen Produkten bleibt erhalten.

Wir hätten nicht die Möglichkeit, aus den Steuersummen auf die Produktionsmengen zu schließen (resp. auf den Gegenwert der Produktion in Geld), wenn die Hebesätze, die Steuerquoten, nicht bekannt wären. Diese Hebesätze sind in vielen Provinzen des Osmanischen Reiches im Provinzialgesetz festgelegt, meist sind da der *"ᶜušr"*, der Zehnt (als Abgabe für

Feldfrüchte) genannt, auch wenn er bereits mit mehr als 10 % gerechnet wird, und darüber hinaus eine Reihe von Gebühren *("rasm")*, bei denen feste Geldsummen pro Einheit (akçe pro Baum, pro Stück Vieh, etc.) angesetzt sind (vgl. ausführlich FEKETE 1955).

In den Syrischen livās ist die Praxis anders, die Hebesätze sind dörferweise verschieden. Deshalb sind sie auch im Register bei jedem Dorf unmittelbar unter der Zeile *"ḥāṣil"* (Einkünfte) vermerkt, vor Aufzählung der einzelnen Steuerposten. Am häufigsten kommen vor *"qism min ar-rub^c"* Anteil von ein Viertel, (vgl. fig. 6, 10,11), *"qism min aṯ-ṯulṯ"*, Anteil von ein Drittel (vgl. fig. 7, 8). Darüber hinaus kommen Hebesätze von einem Fünftel, einem Sechstel und einem Siebentel vor, aber auch von zwei Fünfteln.

Diese Unterschiedlichkeit der Hebesätze von Dorf zu Dorf ist offenbar von alters her üblich und findet ihren Niederschlag auch in den Provinzialgesetzen der syrischen Provinzen (vgl. MANTRAN et SAUVAGET 1951, p. 5). Gründe dafür sind allerdings nicht bekannt. Gesichtspunkte unterschiedlicher Bodenfruchtbarkeit, die naheliegend wären, lassen sich in nachgeprüften Einzelfällen nicht wahrscheinlich machen. Mutmaßlich handelt es sich um eine vorosmanische Praxis, deren möglicherweise lokalhistorische Begründung schon zum Zeitpunkt der Übernahme durch die Osmanische Verwaltung in Vergessenheit geraten war.

Wichtigste Gruppe der einzelnen Steuerarten sind die agrarischen Produktensteuern, unter denen *"ḥinṭa"* (Weizen) und *"ša^{c}īr"* (Gerste) immer die ersten Stellen der Aufzählung einnehmen und auch quantitativ, im Steuerertrag, am bedeutendsten sind.

"māl ṣaifī" (Geld für Sommerfrüchte) bezeichnet eine sehr komplexe Produktengruppe. Dazu gehörten sicher Hirse, Leguminosen und Melonen. Bisweilen werden unter diesem Titel auch andere sommerliche Feldprodukte, wie Sesam oder Baumwolle (vgl. fig. 8), zusammengefaßt, und zwar dann wenn sie in der betreffenden fiskalischen Einheit nur in so geringen Mengen vorkommen, daß ein gesonderter Steuerposten nicht lohnt.

"Zaitūn" (Ölbäume) erscheinen fiskalisch entweder als *"zaitun rūmānī"* oder als *"zaitūn islāmī"* (vgl.fig. 6). Der Unterschied kann nur durch Besitzverhältnisse zu einem sehr viel früheren Zeitpunkt gedeutet werden. "Römische Ölbäume" zinsen die Hälfte des Ertrages, für "Islamische Ölbäume" zahlt man einen akçe für zwei Bäume. Die Verteilung beider Besteuerungsarten steht nicht oder nicht mehr im Zusammenhang mit der konfessionellen Gliederung der Bevölkerung im 16. Jh. Sehr viele Moslemdörfer zahlen neben dem *" maḥṣūl* (Ertrag) *zaitūn islāmī"* auch noch den *"ḫarāǧ ašǧār* (Abgabe auf Bäume) *zaitūn rūmānī"*. Für die Zusammenfassung beider Typen zu einer einheitlichen Aussage über die Olivenproduktion bietet diese völlig verschiedene Besteuerungspraxis erhebliche Schwierigkeiten (s.u.)

"Kurūm"(Weinstöcke) wurden einheitlich nach der Zahl der Pflanzen versteuert (1 akce für 10 Weinstöcke), sofern der Weingarten etwas bedeutender war. Kleinere Mengen von Weinstöcken wurden dagegen häufig mit anderen Baumfrüchten zu einem Titel wie *"ḫarāǧ ašǧār ma^{c}kurūm"*(Abgaben auf Obstbäume und Weinstöcke) zusammengefaßt (vgl. fig. 9). *"Zabīb"* (Rosinen) oder *"dibis"* (Traubensirup) substituieren bisweilen die Weinstocksteuer. *"Bustān"* (Obst- und Gemüsegarten) und *"ḥakūra"* (Gemüsegarten) umfassen ähnlich wie die Sommerfrüchte eine Vielzahl von Produkten.

"Quṭun" (Baumwolle), *"ruzz"* (Reis) und *"nīla"* (Indigo) sind seltener auftretende Spezialkulturen, für die jeweils bestimmte Gebühren festgesetzt sind. *Ruzz* wird bisweilen durch *"ǧaltuq"* (türk.*çeltik* = Reisfeld) ersetzt.

In wenigen Fällen wurden Steuern für besondere Weidegebiete erhoben. Die Titel können dann heißen *"rasm mar^{c}ā"* (Gebühr für Weideland) oder *"rasm ūtlāq"* (Gebühr für Grasland) oder *"rasm qišlāq"* (Gebühr für Winterweideland). In Galiläa treten auch ein paar Fälle von *"rasm maġāra"* (Gebühr für Höhlen =Viehunterstände) auf. Indirekt wird damit das sonst nicht erfaßte Nomadenvieh besteuert.

Fast in jedem Dorf tritt *"rasm ma^{c}az wa naḥl"* auf Gebühr für Ziegen und Bienen , 1/2 akçe pro Stück Kleinvieh,

1 akçe pro Bienenkorb). Damit muß das gesamte Kleinvieh gemeint sein, denn sinngemäße andere Kleinviehsteuern fehlen, abgesehen von ganz wenigen Fällen von "*rasm ġanam*"(Gebühr für Schafe). Kühe, Ochsen, Pferde, Esel und Kamele sind als Arbeitstiere nicht steuerpflichtig. Lediglich Wasserbüffel werden mit der "*rasm ǧāmūs*" (6 akçe pro Tier) erfaßt (vgl. fig. 10, 11).

Neben diese agrarischen Produktensteuern treten die Personalsteuern, unter denen "*bād-i hawā wa rasm ᶜarūs*" bei jedem Dorf, jedem Stamm und jeder Stadt vorkommt. Gemeint sind mit *bād-i hawā* (wörtlich "Wind der Lüfte") nicht näher definierte, aber fest einkalkulierte Gegenheitseinkünfte, wie verschiedene Strafgelder, Stempelgebühren, Konfiskationen, Gebühren für Fundsachen etc. "*rasm ᶜarūs*" ist die Brautsteuer. Der Betrag, der aus dieser Abgabe pro Haushalt jährlich anfällt, ist allerdings unbedeutend.

Für Christen und Juden kommt die Kopfsteuer "*ǧizya*" hinzu.Christen zahlen 90 akçe, Juden 80 akçe pro Jahr. Einige Nomadenstämme zahlen "*ᶜādat ᶜurbanīya*" (die gewohnheitsmäßige Beduinenabgabe), eine sehr vage festgesetzte Steuersumme. Eine Besonderheit ausschließlich im livā' Nāblus ist "*ᶜādat riǧālīya*",gewohnheitsmäßige Abgabe der Untertanen, (vgl. fig.8). Bemerkenswerterweise wurde diese Abgabe nur von Moslems erhoben. Sie betrug 40 akçe pro Haushalt und 20 akçe pro Junggeselle, im nāḥiya Banī Ṣaᶜb die Hälfte dieser Sätze. Gründe für die Sonderbesteuerung der Moslems von Nāblus sind nicht bekannt.

Eine größere Zahl von Steuern treten noch hier und da vereinzelt auf, insbesondere für Mühlen, Fischfangplätze, Häfen, Karawanserays, Ölpressen (vgl. fig. 8) und Seidenspinnräder. Sie sollen hier nicht einzeln dargestellt werden, da sie quantitativ zu unbedeutend sind und auch nicht mehr zur primären agrarischen Produktion gehören. Ebenso sollen die etwa 40 verschiedenen Handels- und Gewerbesteuern nicht weiter aufgeführt werden, die in den Städten und kleinen Marktorten erhoben wurden. Für Einzelinformationen wird auf HÜTTEROTH und ABDULFATTAH 1977, p. 85 ff. verwiesen.

6. Die Bezieher fiskalischer Einkünfte

Die Gesamtsumme der aufkommenden Steuern und Gebühren diente zwei Zwecken: In der Hauptsache der finanziellen Sicherstellung des Staates und seines Militärs, d. h. der Zentralregierung und der mit Lehen ausgestatteten militärischen Dienstgrade, und in zweiter Linie dem Unterhalt geistlicher Stiftungen.

An erster Stelle der Empfänger von Einkünften steht der Sultan selbst. Die ihm zinsenden Dörfer, Stämme etc. werden in den südsyrischen livās als *"ẖāṣṣ sāmī"*, *"ẖāṣṣ humāyūn"* (vgl. fig. 8) *"ẖāṣṣ šāhī"* oder *"ẖāṣṣ pādīšāh"* (erhabenes Eigentum, Eigentum des Sultans) geführt. Fiskalische Einheiten dieser Gruppe haben keine irgendwie privilegierte Stellung, sie zahlen die gleichen Hebesätze wie andere. Die Zahl der Sultansdörfer ist nicht sehr groß, dafür sind es allerdings meist die reicheren und größeren Dörfer und die mächtigeren Stämme.

Der *"mīr mīrān"*, der Provinzstatthalter von Damaskus, sowie die einzelnen *"mīr livā"* der verschiedenen livās bilden die nächste Gruppe von Empfängern. Ihnen kommen in der Regel die Einkünfte der Städte zu (vgl. fig. 12). ferner die Abgaben der meisten nomadischen Stämme (vgl. fig. 10). Darüber hinaus verfügt jeder *mīr livā'* noch über die Einkünfte aus einer Reihe von Dörfern seines livā'. Eine Besonderheit findet sich im livā' ᶜAǧlūn: Die drei südlichsten nāḫiyas, Karak, Ǧabal Karak und Šaubak, zahlen ihre Abgaben an einen sonst nicht erscheinenden "mīr livā' Karak wa Šaubak". Administrativ gibt es aber ein livā' Karak wa Šaubak zum Zeitpunkt dieser Erhebung nicht. Die Lösung kann nur darin liegen, daß ein früher einmal existierendes livā'

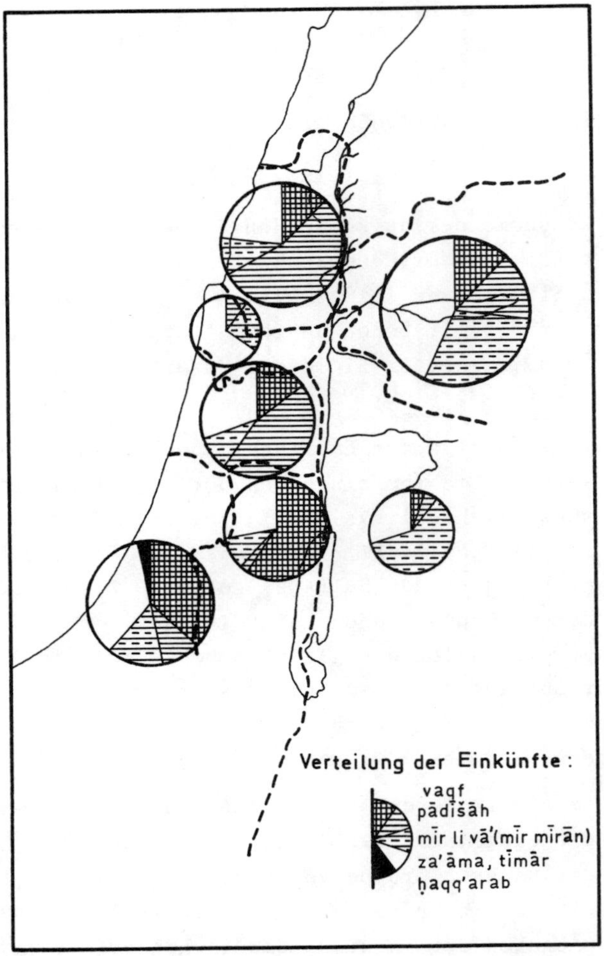

fig. 5 : Verteilung fiskalischer Einkünfte auf die berechtigten Bezieher innerhalb eines jeden livā'. Größe der Kreissymbole entspr.fig. 4

dieses Namens nur einen Titel abgeben mußte für einen m.o.w. mächtigen šaiḫ, der in dieser peripheren Region die de-facto Gewalt innehatte. Er zieht aus diesen drei nāḥiyas auch sämtliche Abgaben ein, kein kleinerer Lehensinhaber hat hier Berechtigungen, auch nicht der offizielle *mīr livā'* von ^{c}Aǧlūn, und selbst nicht der Sultan. Auch fromme Stiftungen fehlen hier.

Die Höhe der Einkünfte der einzelnen *mīr livā'* lag durchweg bei mehreren 100 000 akçe. Der Gouverneur von Damaskus bezog allerdings allein aus dem qażā' Ḥaurān so viel wie drei einzelne mīr livā' zusammen, darüber hinaus standen ihm noch die Einkünfte von Stadt und livā' Damaskus und ein Anteil aus dem qażā' Biqā^{c} zu, seine Gesamteinkünfte müssen weit über eine Million betragen haben.

Die Gruppe der *"za^{c}īm"*, Inhaber eines *"za^{c}āma"* (größeren Lehens) ist bereits erheblich zahlreicher, in den meisten livās gibt es mehrere dieser Kategorie (vgl.fig. 9).Ihre Bezüge lagen zwischen 20 000 und 100 000 akçe und setzten sich aus Abgaben verschiedener fiskalischer Einheiten zusammen. Ziemlich häufig ist in den untersuchten livās der Fall, daß ein *za^{c}āma* von mehreren *za^{c}īm*,oft Brüdern, gemeinschaftlich besessen wird. Die Zahl der *za^{c}īm* ist daher größer als die der *za^{c}āma*. Wenn man die Lage der jeweils zu einem *za^{c}āma* gehörigen Dörfer lokalisiert, so stellt sich heraus, daß sie innerhalb eines nāḥiya,manchmal sogar innerhalb des ganzen livā' verstreut sind. Bei der Vergabe dieser Lehen scheint man also das Prinzip verfolgt zu haben, möglichst keine benachbarten Orte zusammenzufassen, um nicht der Bildung feudaler Territorien Vorschub zu leisten.

Die *"sīpāhī"* sind die Inhaber der kleineren Lehen, der *"tīmār"*(vgl. fig. 7).Unter ihnen war noch eine Unterscheidung in zwei Gruppen üblich, nämlich in die *"sīpāhiyān ba taḏkara " (sīpāhī* mit Diplom) und die *"sīpāhiyān bilā taḏkara" (sīpāhī* ohne Diplom). Nach den Gesetzen sollten erstere ein Lehen im Wert von 6 000 - 20 000 akçe haben, letztere ein Lehen unter 6 000 akçe. Diese Regelung scheint gegen Ende des 16. Jh. in den syrischen livās noch recht exakt eingehalten worden zu sein. Dem Register von Ṣafad ist (als einziger unserer Quellen) ein *iğmāl*-Register vorangestellt, und dem ist zu entnehmen, wie die Lehens- und Einkommensverteilung in diesem livā' gewesen ist. Der *mīr livā'* von Ṣafad bezog danach 330 703 akçe. Aus der Gruppe der *za^{c}īm* gab es hier nur einen einzigen Lehensinhaber, er bezog 31 000 akçe. 18 *sīpāhīs* mit Diplom erhielten zusammen jährlich 177 311 akçe, d. h. im Mittel jeder knapp 10 000. 72 *sīpāhīs* ohne Diplom bekamen zusammen pro Jahr 381 383 akçe, d. h. im Mittel jeder etwa 5 000 akçe. In dieser letzten Gruppe sind Vergabungen von 5 999 akçe, also gerade noch unter der erlaubten Höchstgrenze, nicht selten.

Eine Zählung aller Einkommensbezieher aus dem gesamten Untersuchungsgebiet ergibt folgende Werte:

livā':	*mīr livā'*	*za^{c}īm*	*sīpāhī* (mit u.ohne *taḏkara*)
Ṣafad	1	1	90
Laǧǧūn	1	14	30
Nāblus	1	25	36
Quds	1	18	43
Ġazza	1	41	86
^{c}Aǧlūn	2	17	42
qażā' Ḥaurān (annähernd)	-	45	80
		161	407

Der "Militärdienstadel" umfaßte also im Untersuchungsgebiet rund 570 Personen. Sicher muß man bei dieser Gruppe größere Haushalte annehmen, der Faktor 10 mag hier zur Errechnung der eigentlichen Bevölkerungswerte vertretbar sein, bei den sechs resp. sieben *mīr livā'* wohl noch etwas mehr. Darüber hinaus wird man mindestens den einzelnen *mir līvā'* noch eine gewisse Anzahl Soldaten zuschlagen müssen, wenngleich den Registern darüber nichts zu entnehmen ist. Insgesamt dürfte die Gruppe der Bezieher von Lehenseinkünften mit allen Angehörigen, Sklaven, Soldaten etc. aber sicher noch unter 10 000 gelegen haben. Dies ist die erste und wichtigste Gruppe von "Konsumenten" ländlicher Einkommen.

Ein ganz anderer Bezieher von Einkünften aus Steuereinnahmen sind die frommen Stiftungen*("waqf")*. Ihre Einkünfte dienten dem Unterhalt von Moscheen, Koranschulen, Armenküchen, Hospitälern, Heiligengräbern etc. und deren geistlichem und weltlichem Personal.

Verwendet wurden zum Unterhalt dieser Stiftungen die irgendwann einmal ebenfalls gestifteten Einkunfts-Berechtigungen aus bestimmten Dörfern. Allerdings wurden -- von ganz wenigen Ausnahmen abgesehen -- von den dörflichen Steuern nur die mit Zehntcharakter *("ᶜušr")* zum Unterhalt von *waqf*-Einrichtungen verwendet, selten Gebühren *("rasm")* und Personalsteuern. Die letzteren Abgaben kamen meist einem der weltlichen Lehensinhaber zu. Selbst Dörfer, die als *"waqf tamāman"* (ganze Stiftung) galten, mußten aus diesem Grunde immer einen bestimmten Anteil ihrer Abgaben, nämlich die Gebühren und die Personalsteuern, an den Sultan, resp. den *mīr livā'* oder den jeweils berechtigten *zaᶜāma-* oder *tīmār*-Inhaber abführen. In der Mehrzahl der Fälle waren die Dörfer jedoch nicht *waqf tamāman,* sondern nur ein *"ḥaqq"* (Anteil) der Einkünfte, gerechnet in *"qīrāṭ"* (vierundzwanzigster Teil eines ganzen), gehörte einer Stiftung (vgl. fig. 7). Wenn also in einem bestimmten Dorf "12 *qīrāṭ ḥaqq waqf"* registriert waren, bedeutete das,daß die Hälfte der Abgaben des Zenten zunächst einmal der betreffenden waqf- Institution zustanden, die andere Hälfte dem betreffenden Lehensinhaber. Dieser bezog darüber hinaus aber noch alle *"rasm"* (Gebühren), sowie noch einmal einen *"ᶜušr māl waqf"* (Zehntgeld vom *waqf*), wodurch der *waqf*-Anteil nochmals um ein Zentel vermindert wurde.

Die Verteilung der Dörfer mit m.o.w. großen Anteilen von *waqf*-Abgaben ist etwas ungleichmäßig. Im livā' Quds fließt über die Hälfte aller Abgaben verschiedenen *waqf*-Institutionen zu, was aufgrund der nahen heiligen Städte Jerusalem und Hebron verständlich ist. Im livā' ᶜAğlūn ist es demgegenüber sehr wenig, und aus dem livā' Laǧǧūn kommt überhaupt nichts.

Etwa 90 % aller *waqf*-Abgaben der Dörfer des Westjordanlandes kommen verschiedenen *waqf*-Institutionen in Quds und

Ḫalīl zu gute. Nur von wenigen Orten gehen die *waqf*-Abgaben an bestimmte Stiftungen in Ġazza und in dem Wallfahrtsort Nabī Mūsā in der judäischen Wüste. Einige Dörfer führen ihre *waqf*-Abgaben auch an fromme Stiftungen im Ḥiǧāz (Makka, Madīna) und in Ägypten ab.

Ein interessanter, wenn auch quantitativ nicht sehr bedeutender Fall von "berechtigten Beziehern fiskalischer Einkünfte" liegt bei einigen Beduinenstämmen der südlichen Ġazza-Ebene vor, die von mehreren Dörfern eine offiziell *"ḥaqq ᶜarab"* (Anteil der Beduinen) genannte Abgabe kassieren. Alle davon betroffenen Dörfer liegen im nāḥiya Ġazza. Der *"ḥaqq ᶜarab"* kann bis zur Hälfte des gesamten Steueraufkommens der betreffenden Dörfer ausmachen. Es kann sich hierbei nur um eine notgedrungene staatliche Anerkennung der bekannten *"huwwa"*-Praxis handeln, die der Osmanenstaat nicht zu unterbinden in der Lage war. Um die Dörfer nicht durch Doppelbelastung -- *huwwa* plus normale Abgaben -- dem Ruin auszusetzen, verzichtete der Staat auf einen gewissen Teil der Abgaben und legalisierte diese als offizielle Einkünfte bestimmter Beduinenstämme. Sogar im Gesetz des livā' Ġazza hat diese Praxis ihren Niederschlag gefunden (MANTRAN et SAUVAGET 1951, p. 46). Ein charakteristisches Phänomen der Siedlungsgrenze !

7. Zur Konstruktion einer historischen Wirtschaftskarte

Die Angaben der Register über die Steuerkraft der verschiedenen fiskalischen Einheiten bergen eine ungeheure Menge interessanten Materials, aber leider in sehr unübersichtlicher Form. Jede Form von textlicher Edition erlaubt zwar bessere Lesbarkeit, aber ermöglicht keineswegs schon einen besseren Überblick, das ist nur mit Hilfe einer thematischen Karte möglich. Kartographische Darstellung erfordert aber einheitliche Maßstäbe, und dieses Erfordernis schafft bei dem vorliegenden Quellenmaterial einige Schwierigkeiten. Was ist das tertium comparationis von Weizen und Wasserbüffeln, von Baumwolle, Oliven und Kleinvieh, das quantitative Vergleiche erlauben würde? Als einzige Vergleichsbasis bleibt der Geldwert übrig. Die Wirtschaftskarte zeigt also dörferweise und darin sektorweise die einzelnen Agrarprodukte quantifiziert nach dem Gegenwert in Geld, der von der Osmanischen Finanzverwaltung dafür jeweils veranschlagt wurde. Es ist dabei ohne Belang, ob das Verhältnis von Geldwert zu Ware dem realen Marktwert jener Zeit entsprach oder aus fiskalischen Gründen anders angesetzt wurde. Da es auf die Vergleichbarkeit der einzelnen Symbole untereinander ankommt, hat der Geldwert hier nur die Funktion eines Vergleichsmaßes.

Da eine thematische Karte nur einen begrenzten Inhalt darstellen kann, mußte entschieden werden, daß nicht alle Angaben der Steuergegister darin aufgenommen werden konnten, sondern nur eine zu begründende Auswahl der wichtigeren. Zunächst wurden die verschiedenen Personalsteuern ausgeschieden. Ihre Verteilund steht in ziemlich eindeutiger Relation zur Bevölkerungsverteilung, nicht zur regionalen Gliederung der agrarischen Produktion. Desgleichen wurden alle nicht-agrarischen Steuerarten ausgeschlossen. Schließlich mußte den Möglichkeiten kartographischer Technik noch die Konzession gemacht werden, diejenigen Steuerarten, die quasi nur als Singularitäten auftreten, wegzulassen und einige andere, m.o.w. verwandte Agrarprodukte zusammenzufassen.

Eine schwerwiegende Entscheidung betraf notgedrungen die mazra^{c}a und andere kleinere isolierte Flächen des Anbaus *(qiṭ^{c}a arḍ, karm)*. Da sie nicht lokalisiert werden konnten, hätten sie allenfalls innerhalb der betreffenden nāḥiyas nach Ermessen an Stellen gelegt werden können, an denen sie theoretisch gelegen haben könnten. Da jedoch die Zahl der *mazra^{c}a* etwa anderthalbmal größer als die der Dörfer ist, wäre das gesamte Kartenbild damit unerträglich belastet worden. Immerhin ist kalkulierbar, was damit verloren geht: Da die *mazra^{c}a* als periphere Gemarkungsteile vorwiegend dem Getreideanbau dienten und noch dienen, hätte ihre Einbeziehung im wesentlichen die Symbole für Weizen und Gerste vermehrt. Eine ungefähre Vorstellung vom Anteil der *mazra^{c}a* am gesamten Steueraufkommen der einzelnen livās gibt fig.4.

Für viele Agrarprodukte war die Kalkulation des Produktionswertes relativ einfach: Die Multiplikation der jeweiligen Steuersumme mit dem dorf-spezifischen Hebesatz ergibt den Geldwert der mittleren Produktion. Das gilt für Weizen und Gerste sicher, mit großer Wahrscheinlichkeit auch für Sommerfrüchte aller Art, für Sesam, Baumwolle, Melonen etc., da es sich hierbei ebenfalls um Massengüter handelt, die unschwer auch in natura in verschiedene Anteile teilbar sind.

Ein Problem sind die *"zaitūn rūmānī"* und *"zaitūn islāmī"*, die ja technisch ganz verschieden versteuert wurden. Für *zaitūn rūmānī* liegt der Hebesatz nach dem Gesetz (vgl. MANTRAN et SAUVAGET 1951, p. 36) eindeutig fest, er beträgt 50 % der Olivenernte. Schwieriger ist es bei *zaitūn islāmī*, die mit einem akçe pro zwei Bäume besteuert wurden. Um beide Typen auf einen gemeinsamen Nenner zu bringen, hilft die ebenfalls auftretende Steuer auf gereinigtes Olivenöl *(zait)*, die ein Achtel des Wertes = 12 1/2 %, betrug. Da nun ein verarbeitetes Produkt natürlich geringer versteuert werden mußte als ein Rohprodukt, weil ja schließlich bereits eine Menge Arbeitsaufwand darin investiert wurde, muß dieser Wert von 12 1/2 % auf jeden Fall beträchtlich unter dem Prozentsatz liegen,der für das Rohprodukt Oliven (im Falle des Rechtsstatus *"zaitūn islāmī")* erhoben wurde. Der Geldwert von einem akçe für zwei Bäume muß also einem Besteuerungsprozentsatz entsprechen, der über dem für *zait* und unter dem für *zaitūn rūmānī* liegt. In diesem Spielraum liegen aber auch die normalen Hebesätze für die Feldprodukte. Darüber hinaus findet sich im *qānūn* des livā' Jerusalem (MANTRAN et SAUVAGET 1951, p.36) die Bemerkung, daß mancherorts die Sitte gilt, die *"zaitūn rūmānī"* mit 1 akçe pro Baum, also doppelt so hoch wie die *"zaitun islami"* zu besteuern. Auch das spricht dafür,daß der Prozentsatz der Besteuerung der *zaitūn islāmī* bei 25 % gelegen haben muß. Mangels jeden weiteren Anhaltspunktes wurden daher die Hebesätze des betreffenden Dorfes für die *zaitūn islāmī* übernommen. Den sich daraus ergebenden Produktionswerten wurden gegebenenfalls die der *zaitūn rūmānī* zugeschlagen. Für Obstbäume allgemein *("ašǧār maiwa"* oder nur *"ašǧār")*, Johannisbrotbäume *("ẖarūb")*, Mandelbäume *("badam")* und Weinstöcke *("kurūm")*, für die ebenfalls feste Sätze von akçe pro Baum gelten, mußte mangels jeden anderen Anhaltspunktes das gleiche Verfahren wie bei Ölbäumen angewendet werden. Zudem ergab sich die Notwendigkeit, diese Baumfrüchte kartographisch in einer Signatur zusammenzufassen, obwohl man mindestens die Weinproduktion lieber gesondert gesehen hätte. Aber in den Quellen überwiegen die Fälle, in denen wegen zu geringer Einzelbedeutung Weinstöcke und verschiedene Fruchtbäume unter einem Titel mit einer Steuersumme zusammengefaßt werden, z. B. *"maḥṣūl ašǧār ma^{c}badam ma^{c} kurūm"*(Ertrag von Ostbäumen und Mandeln und Weinstöcken), Indizien für eine sinnvolle Trennung gibt es nicht. Eingeschlossen in diese Gruppe wurden, ähnlich wie Olivenöl bei Ölbäumen, die seltenen Fälle von Verarbeitungsprodukten wie Rosinen und Traubensirup.

Für die Darstellung der Kleinviehproduktion war eine andere Überlegung anzustellen. Die Viehgebühren basieren -- laut Provinzialgesetzen -- auf fixierten Abgaben pro Stück Vieh resp. Bienenkorb. Es ist nun zunächst unklar, was damit für ein

Prozentsatz vom jährlichen Gewinn (Jungvieh, Milch, Wolle, Fleisch) ausgedrückt werden sollte, da der Marktwert ja nicht bekannt ist. Etwas weiter half folgende Deduktion: Die nomadischen Stämme, deren Wirtschaft ja zum allergrößten Teil auf Viehwirtschaft beruht (wenn man von Plünderungen, Karawanenverkehr und gelegentlichem Anbau auf einigen *mazra*ᶜ*a* einmal absieht), zahlen dafür pauschale Abgabensätze. Im Verhältnis zur Kopfzahl der jeweiligen steuerpflichtigen Stammesangehörigen (*ḫāna* und *muǧarrad*) ist die steuerliche Gesamtbelastung dadurch aber nur etwa ein Drittel so hoch wie die der Bauern, deren häufigste Hebesätze ein Viertel, ein Drittel und zwei Fünftel sind, als 25 %, 33 % und 40 %. Das heißt, die Nomaden zahlen praktisch 10 %. Da die Produktion der Nomaden fast ausschließlich aus Vieh besteht, kann man diesen Satz mehr oder weniger als Viehsteuersatz ansehen. Es wäre dem entgegenzuhalten, daß die Nomaden vielleicht aus innenpolitischen Gründen nur so niedrig besteuert wurden, weil die osmanischen Finanzbeamten außerstande waren, bei den mächtigeren Stämmen des Wüstenrandes zumindest, höhere Steuersummen einzutreiben. Dieser Einwand ist jedoch dadurch zu entkräften, daß auch relativ kleine und unbedeutende Stämme des Westjordanlandes, deren Weidegebiete also zwischen den dörflichen Siedlungen liegen und die sich sicher ohne Schwierigkeiten kontrollieren ließen, nicht höher besteuert wurden. Für die vorliegende Wirtschaftskarte wurde aufgrund dieser Überlegungen der Wert der Kleinviehproduktion generell durch Multiplikation der Viehsteuern mit dem Faktor 10 angesetzt.

Unter dem Großvieh wurden nur die Wasserbüffel versteuert, insbesondere wohl deshalb, weil damit die nicht unbedeutende Milchproduktion erfaßt wurde. Die Besteuerung erfolgte laut Gesetz hier ebenfalls mit einer festen Rate (6 akçe pro Tier). Mangels anderer Möglichkeiten der Umrechnung wurde hier für die Wirtschaftskarte das gleiche Verfahren wie beim Kleinvieh angewandt.

Ein Sonderproblem stellen einige dreißig Dörfer in Galiläa dar, die mit einer fixierten Pauschale (*"māl maqṭū*ᶜ*"*) veranlagt waren. Eine Differenzierung von Sektoren für einzelne Produktionsanteile ist hier natürlich nicht möglich, abgesehen von der Viehsteuer und Personalsteuer, die als einzige in vielen Fällen gesondert genannt sind. Um wenigstens das Gesamtsymbol des betreffenden Ortes eintragen zu können, wurde die Steuersumme mit dem in der Umgebung vorherrschenden Steuerhebesatz multipliziert. Das Verfahren ist zweifellos unbefriedigend, aber anderenfalls müßte man auf die Darstellung dieser Orte überhaupt verzichten. Es wurde hier aber der Versuch in den Mittelpunkt gestellt, mindestens für Dörfer und Stämme eine in der Quantifizierung möglichst weitgehend angenährte Darstellung zu geben, bei Vollständigkeit der einzelnen fiskalischen Einheiten. Das Weglassen unklarer Fälle hätte den Gesamteindruck von Siedlungsdichte und Wirtschaftspotential stärker beeinträchtigt als es die Abweichungen tun, die durch eventuell falsch geschätzte Prozentsätze der Besteuerung auftreten.

Ein Blick auf die Karte ermöglicht zahlreiche interessante Deutungsmöglichkeiten, Interpretationen aus dem räumlichen Zusammenhang heraus, und Anregungen zu weiteren Fragen.Beispielsweise zeigt sich, daß die Getreide fast durchweg den größten Produktionsanteil stellen, daß jedoch ihr relativer Anteil in den Ebenen, besonders in der Ġazza-Ebene und im Ḥaurān, deutlich höher liegt als in den Bergländern. Weizen als Brotgetreide ist meist doppelt so stark vertreten wie Gerste als Futtergetreide, jedoch im Süden des livā' Ġazza, in der Nähe der Trockengrenze des unbewässerten Getreidebaus, gewinnt die trockenheits-resistentere Gerste die Oberhand.

Die Kultur des Ölbaums war im 16. Jahrhundert auf die gleichen Gebiete konzentriert, die noch heute für Olivenkultur bekannt sind. Schwerpunkte liegen an der Westflanke der palästinensischen Bergländer, aber auch das Bergland von ᶜAǧlūn hat einen bemerkenswert hohen Anteil von Ölbäumen. Die Dominanz der Olive ist in vielen Dörfern namentlich des westlichen livā' Nāblus so auffallend, daß für die Eigenversorgung dieser Gebirgsdörfer mit Getreide wohl schon ein interregionaler Handel angenommen werden muß.

In den Ebenen gedeiht der Ölbaum nicht, und folglich

tritt wie in vielen mediterranen Küstenebenen eine andere Ölplanze an seine Stelle, der Sesam. Namentlich die Ġazza-Ebene zeigt einen Sesam-Sektor für fast jedes Dorf. Die Hochebenen des Ḥaurān sind weder für Sesam noch für Oliven geeignet, die lokale Fettversorgung basiert hier ausschließlich auf tierischen Fetten. Dafür tritt im Ḥaurān fast in jedem Dorf ein auffallend hoher Anteil von Sommerfrüchten auf. Es handelt sich dabei, wie noch in jüngster Zeit (WIRTH 1971, Karte 9), vorwiegend um Leguminosen, für deren Anbau der Ḥaurān in Syrien noch heute berühmt ist.

Während der Sektor für Kleinvieh in den meisten Dörfern relativ gleiche Proportionen ausweist und damit die Relation zur Bevölkerungszahl wiedergibt, stellen die Wasserbüffel offenbar die Verbreitung eines Marktproduktes dar. Büffelzucht betreiben die Dörfer an den Rändern der versumpften Ebenen und natürlich die Nomadenstämme, die diese Ebenen periodisch als Weidegebiet aufsuchen.

Eine bemerkenswerte Konzentration von Baumwollanbau findet sich in der ᶜAkkā-Ebene und in den Becken von Niedergaliläa. Es kann sich dabei nicht um den Baumwollanbau für häuslichen Eigenbedarf gehandelt haben, wie er auch anderswo auftritt und wegen seiner quantitativ geringen Bedeutung oft fiskalisch mit anderen Steuern zusammengefaßt ist. Hier liegt wahrscheinlich export-orientierter Baumwollbau vor, wie er z. B. auch von *PARRY* (1970, p. 232) erwähnt wird. Allerdings kann der Umfang, gemessen an der Produktion, nur mäßig gewesen sein.

Derartige regionale Vergleiche historischer Wirtschaftszustände sind nur möglich auf der Basis von Karten, die bei möglichst großer Detaillierung dennoch für ein größeres Gebiet möglichst flächendeckend sind. Eine solche Karte liegt nunmehr mit der historischen Wirtschaftskarte im Tübinger Atlas des Vorderen Orients vor.

Am Beispiel von Palästina und angrenzenden Gebieten wurde gezeigt, welcher Grad der Detaillierung sich aufgrund der bisher noch wenig erschlossenen osmanischen Steuerregister erreichen läßt. Sicher enthält die Karte, abgesehen von Ungenauigkeiten und Unklarheiten der Originalquellen, auch Fehler, die im Verlauf der Berechnungen entstanden sind. Schließlich mußten für etwa anderthalb tausend fiskalische Einheiten, und darin jeweils für mehrere Steuerposten und demographische Angaben, jeweils mehrere Rechenoperationen durchgeführt werden. Auch die Lokalisierung der Ortschaften ist durch Landeskenner sicher noch in mehreren Fällen zu komplettieren oder zu korrigieren. Trotz aller möglichen Verbesserungen im einzelnen sollte jedoch der Hauptzweck der Karte darin gesehen werden, daß hier der größte Teil der wirtschaftlichen Daten von sieben livās in einem Überblick zugänglich ist. Natürlich sind Angaben über Quantitäten aus Kreissektoren weniger genau ablesbar als aus Tabellen mit Zahlen, aber das läßt sich genauso in Kauf nehmen wie eine gewisse Selektivität resp. das Weglassen von quantitativ wenig bedeutenden Produkten. Die Chance des Überblicks und des interregionalen Vergleichs sollte das wert sein.

8. Quellenbeispiele

Die folgenden Abbildungen, fig. 6-14, zeigen Ausschnitte aus den Steuerregistern, und zwar jeweils eine "fiskalische Einheit". Die Transskription ist jeweils spiegelbildlich auf der gegenüberliegenden Seite dazu gestellt. Lediglich die individuellen Namen der steuerpflichtigen Untertanen wurden nicht transskribiert; in fig. 6 und 9 sind sie durch "X" symbolisiert.

Einzelerläuterungen zur Transskription:

"20"	:	Zahlen in Anführungszeichen (z. B. bei fig. 8, 9, 12) stehen für die speziellen Zahlzeichen der Siyāqat-Schrift (vgl.FEKETE 1955, S. 34-39)
.	:	ein Punkt steht für nicht identifizierte Zeichen der Siyāqat-Schrift. Sinngemäß muß das betr. Zeichen vor Zahlen die Bedeutung von "ein Betrag von ..." haben. (fig. 8, 9, 12, jeweils nur in der Rubrik der *ǧizya*-Abgaben auftretend). In der Aufzählung der *tīmār*-Inhaber (fig.7) dürften die betreffenden Zeichen bestimmte Anteile an den Einkünften ausdrücken.
m	:	unter den X - Symbolen in fig. 6 steht für das *"mīm"* unter dem Namen des betreffenden steuerpflichtigen Untertans und bedeutet *"muǧarrad"* =Junggeselle.
t	:	Siyaqat-Abkürzung für *qīrāṭ* = Teil, Anteil (von 24 Teilen einer Gesamtmenge, vgl. S.39).

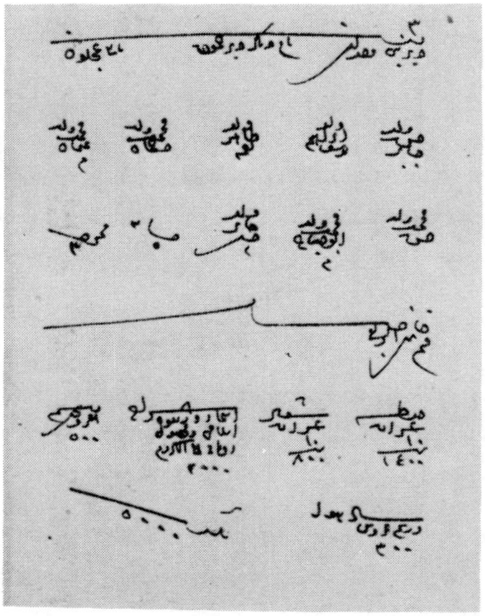

fig. 6 : Dorf Dair Banī Madrāt, Nr. P3 in nāḥiya ᶜAǧlūn, livā' ᶜAǧlūn

3

q__________a__________r__________y__________a__________

Dair Banī Madrāt nām dīger Dair Ḥamūda tābi^{c} ^{c}Ağlūn

X	X	X	X	X m
X	X m	X m	ẖāna 5	muğarrad 3

ḥ__________ā__________ṣ__________i__________l__________

qism min ar-rub^{c}

ḥinṭa	ša^{c}īr	ẖ___a___r___ā___ğ___	rasm
ġarāra	ġarāra	ašğār wa zaitūn	ma^{c}iz wa naḥl
10	10	islāmī wa maḥṣūl	500
qīmat	qīmat	rūmānī ma^{c} al-kurūm	
1400	800	2000	

bād-i hawā
wa rasm ^{c}arūs

y___a___k___ū___n___

5000

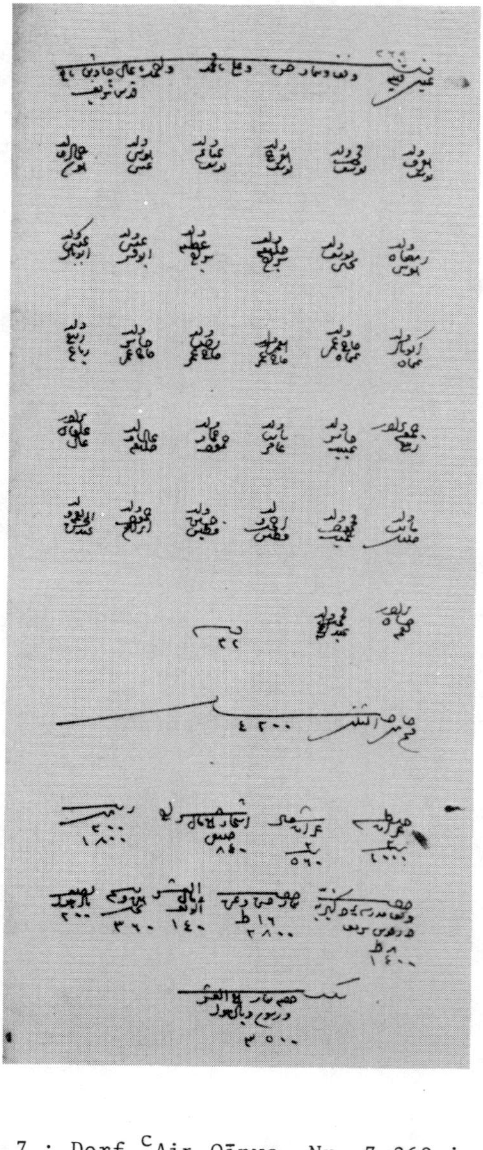

fig. 7 : Dorf ᶜAin Qīnya, Nr. Z 269 in nāḥiya Quds, livā' Quds

269

q___a___r___y___a

^{c}Ain Qīnya   waqf wa tīmār Ḥasan wa ^{c}Alī . Muḥammad wa Aḥmad . ^{c}Alī ǧāwiš   tābi^{c} Quds Šarīf

(32 Untertanen werden namentlich aufgeführt)

h̲___ā___n___a
32

ḥ___ā___ṣ___i___l

qism min at̲-t̲ult̲   4200

ḥinṭa	ša ^{c}īr	h̲arāǧ	zait
ġarāra	ġarāra	ašǧār ma^{c} māl	mann
2	2	ṣaifī	200
qīmat	qīmat	840	1800
1000	560		

ḥaqq waqf madrasa-yi Dakīrīya dir Quds Šarīf	ḥaqq tīmār Ḥasan wa ġairihi	al-^{c}ušr -i māl al-waqf	rasm ma^{c}az wa naḥl	nuṣf bād-i hawā
ṭ 8 1400	ṭ 16 2800	140	360	200

y___a___k___ū___n___

ḥiṣṣat tīmār ma^{c} al-^{c}ušr
wa rusūm wa bād-i hawā

3500

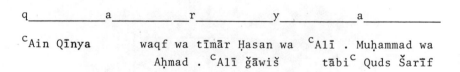

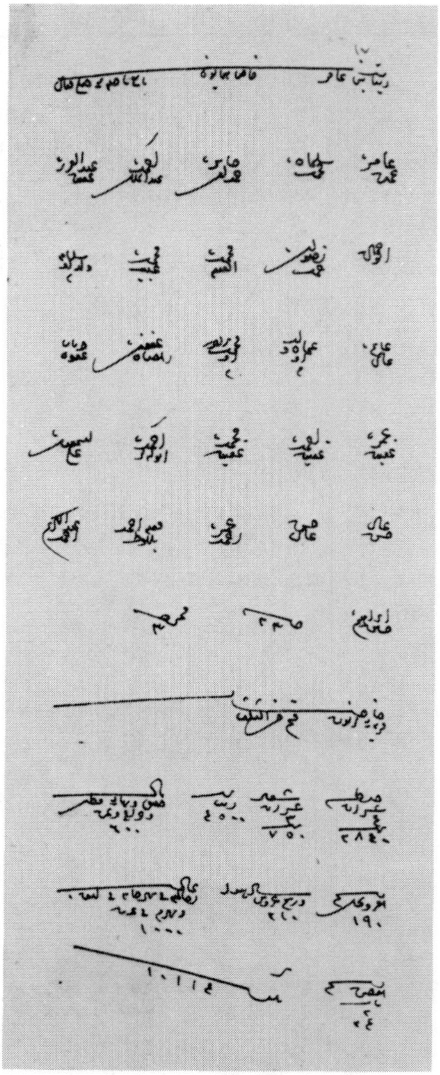

fig. 8 : Dorf Zaiṭā Banī ^{c}Āmir, Nr.P 17 in
Nāḥiya Ǧabal Qubāl,livā' Nāblus

17

q__________a__________r__________y__________a__________

Zaitā Banī ^{c}Āmir   ẖāṣṣ humāyūn   tābi^{c} nāḥiya-yi Ǧabal Qubāl

(26 Untertanen werden namentlich aufgeführt)

ẖ__ā__n__a	muǧarrad
23	3

ḥ__________ā__________ṣ__________i__________l__________

qarya-yi mazbūra   qism min aṯ-ṯulṯ

ḥinṭa	ša^{c}īr	mann	m___ā___l___
ġarāra	ġarāra	zait	ṣaifī wa bihā quṭun
4	3		wa ẖarāǧ wa ġairihi
qīmat	qīmat	4500	600
2840	750		

rasm	bād-i hawā	^{c}ā____d____a____t_____
ma^{c}iz wa naḥl	wa rasm ^{c}arūs	riǧālīya . beher ẖāna . "40"
190	210	wa beher m(uǧarrad) . "20"

rasm	y_____a_____k_____ū_____n______
ma^{c}aṣara	10 114
bāb	
2	
24	

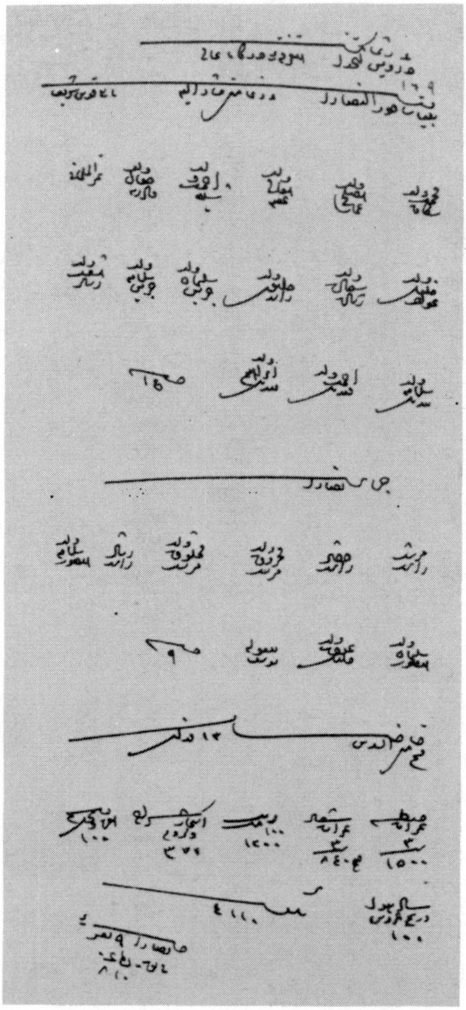

fig. 9 : Dorf Bait Sāḥūr an-Naṣārā Nr. Z 169
in nāḥiya Quds, livā' Quds

z___a___^{c}___ā___m___a___t___

darwīš katẖudā   mutafarriqa-yi dir qāpū ^{c}ālī

169

q___a___r___y___a___

Bait Sāḥūr an-Naṣārā   za^{c}āmat mušār ilaihi tābi^{c} Quds Šarīf

X	X	X	X	X	X
X	X	X	X	X	X
X	X	X		ẖāna 15	

ğ___a___m___ā___^{c}___a___t

naṣārā

X	X	X	X	X	X
X	X	X		ẖāna 9	

ḥ___ā___ṣ___i___l___

qism min as-suds   13 faddān

ḥinṭa ġarāra 3	ša^{c}īr ġarāra 3	zait mann 100	ẖarāğ ašğār wa kurūm	rasm ma^{c}az wa naḥl
qīmat 1500	qīmat 840	1200	370	100

bād-i hawā
wa rasm ^{c}arūs
100

y___a___k___ū___n___
4110

ğ___i___z___y___a___-yi
naṣārā   9 nefer
"90" ....
810

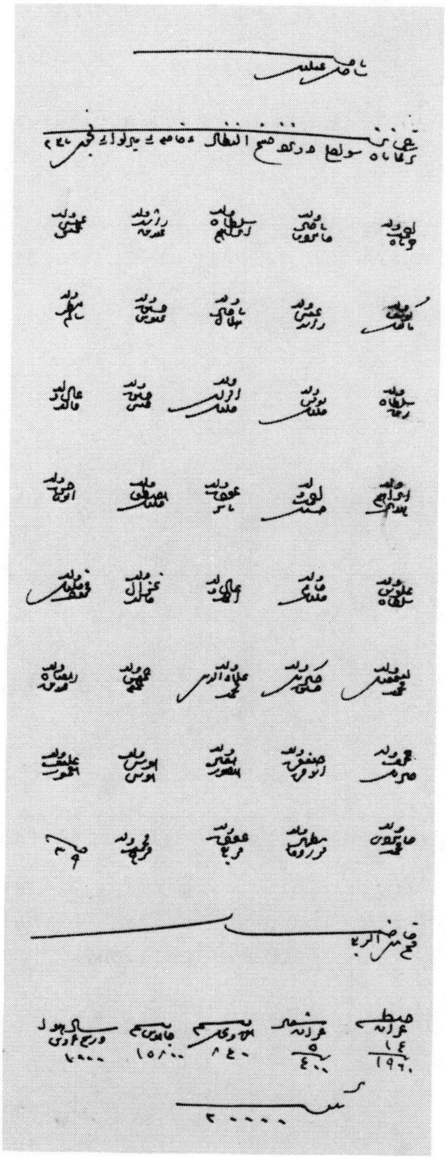

fig.10 : Stamm Turkmānān Sawāḥilī, Nr. M 10 in nāḥiya Sāḥil ᶜAtlīt, livā' Laǧǧūn

n_____ā_____ḥ_____i_____y_____a

Sāḥil ^{c}Atlīt

10

ǧ_____a_____m_____ā_____^{c}_____a_____t_____

Turkmānān Sawāḥilī dir nazd Ḫašm an-naẓar-i ḫāṣṣ-i mīr livā-yi Laǧǧūn tābi^{c} m(azbūr)

(39 Untertanen sind namentlich aufgeführt)

ḫāna
39

ḥ_____ā_____ṣ_____i_____l_____

qism min ar-rub^{c}

ḥinṭa ġarāra	ša^{c}īr ġarāra	rasm ma^{c}az wa naḥl	rasm ǧāmūs	bād-i hawā wa rasm ^{c}arūs
14	5	840	15800	800
qīmat	qīmat			
1960	400			

y____a____k____ū____n

20 000

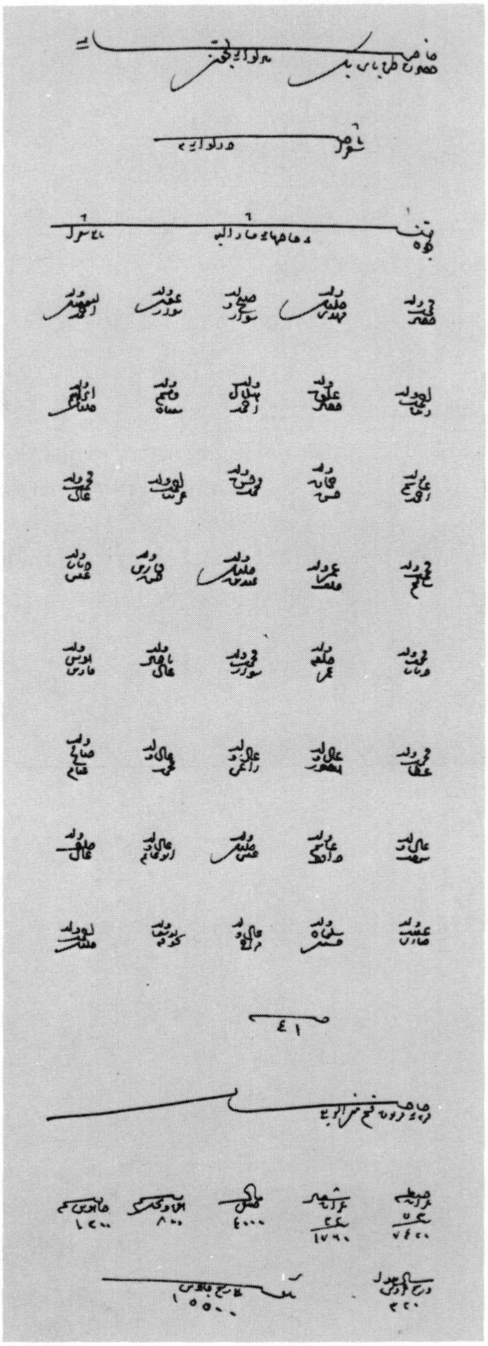

fig.11 :

Dorf Laǧǧūn, Nr. M 1 in nāḥiya Ša^c^rā, livā' Laǧǧūn

Quellenbeispiele

ẖ________ā________ṣ________ṣ________u________h________ā________-yi

ḥażrat Ṭarabāy bek mīr livā-yi Laǧǧūn

n________ā________ḥ________i________y________a________

Ša^{c}rā dir livā-yi m(azbūr)

q____________a____________r____________y____________a____________

Laǧǧūn i ẖāṣṣuhā-yi mušār ilaihi tābi^{c} Ša^{c}rā

(40 Untertanen werden namentlich aufgeführt)

ẖ___ā___n___a

41

1

ḥ____________ā____________ṣ____________i____________l____________

qarya-yi mazbūr qism min ar-rub^{c}

ḥinṭa ġarāra 53	ša^{c}īr ġarāra 22	māl ṣaifī	rasm ma^{c}az wa naḥl	rasm ǧāmūs
qīmat 7420	qīmat 1760	4000	800	1200

bād-i hawā
wa rasm ^{c}arūs

320

y___a___k___ū___n

ma^{c} rasm ǧāmūs
15500

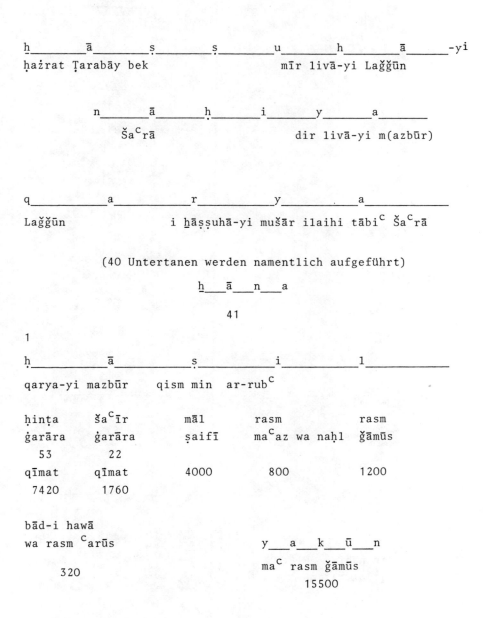

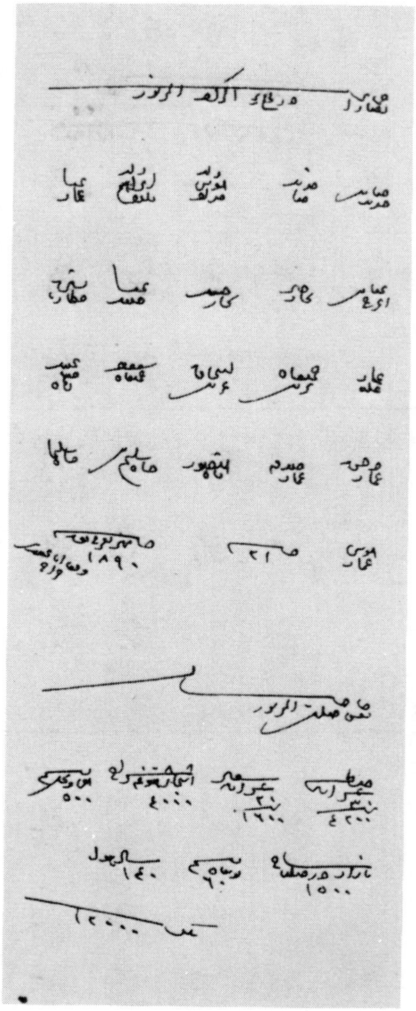

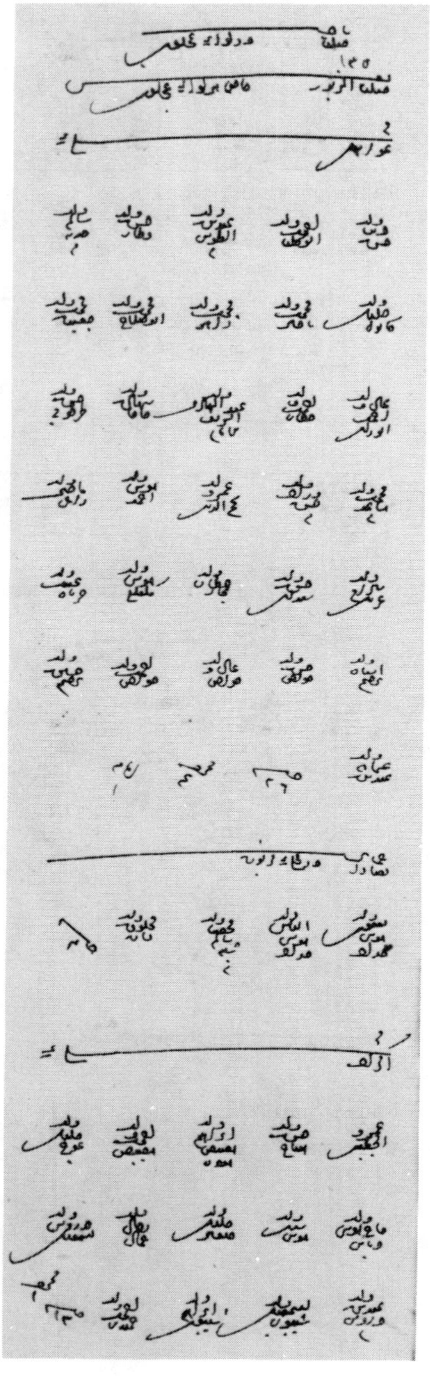

fig. 12: Stadt Ṣalt, Nr. P 135
in nāḥiya Ṣalt,
livā' ᶜAǧlūn

Quellenbeispiele

n___ā___ḥ___i___y___a___

Ṣalt dir livā-yi ᶜAğlūn

135

n___a___f___s___

Ṣalt al mazbūr h̲āṣṣ mīr livā-yi ᶜAğlūn

m___a___ḥ___a___l___l___a___-yi__

ᶜAwāmil (31 Untertanen werden namentlich aufgeführt)

h̲āna 26 mużarrad 4 imām 1

ğ___a___m___ā___ᶜ___a___t___

naṣārā dir maḥalla-yi mazbūra

(4 Untertanen werden namentlich aufgeführt)

h̲āna 4

m___a___ḥ___a___l___l___a___-yi___

Akrād

(14 Untertanen werden namentlich aufgeführt)

h̲āna 13 mużarrad 1

ğ___a___m___ā___ᶜ___a___t___

naṣārā dir maḥalla-yi Akrād al-mazbūr

(21 Untertanen werden namentlich aufgeführt)

h̲āna 21

ğ__i__z__y__a

beher nefer . "90"

1890

waqf Ābā ᶜUbaida bin Ğarrāḥ

ḥ___ā___ṣ___i___l___

nafs Ṣalt al-mazbūr

ḥinṭa ġarāra 30	šaᶜīr ġarāra 21	h̲arāğ ašğār mutanawwiᶜa	rasm maᶜaz wa naḥl
qīmat 4200	qīmat 1600	4000	500

bāğ bāzār dir Ṣalt	rasm būstān	bād-i hawā
1500	60	140

y___a___k___ū___n

12 000

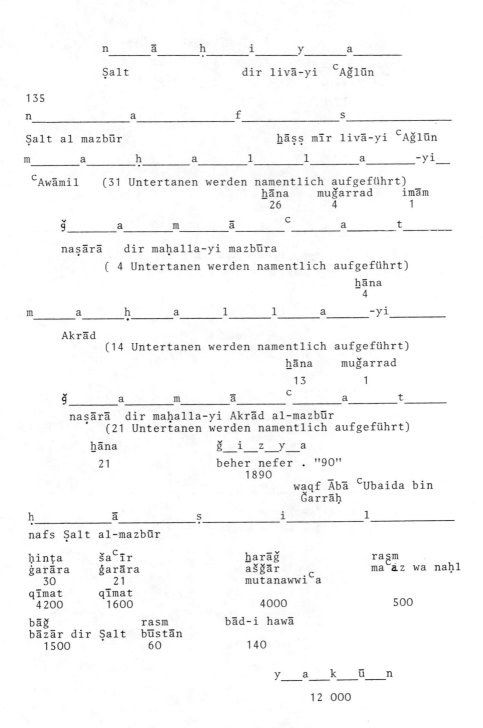

fig. 13: mazra^{c}a

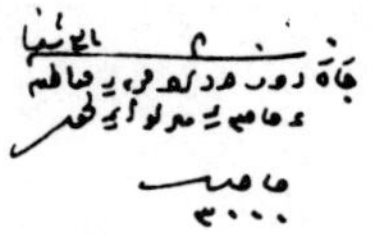

8 tābi^{c} Šafā

m________a________z________r________a________^{c}________a______

Ġān Zūr dir nazd qarya-yi Qabāṭīya-yi
ẖāṣṣat-i mīr livā-yi Laǧǧūn

ḥ___ā___ṣ___i___l
3000

fig.14: mazra^{c}a

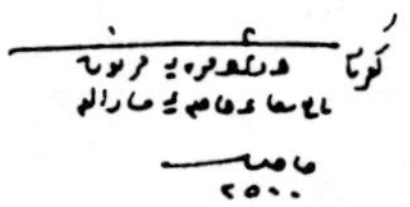

9

m________a________z________r________a________^{c}________a______

Kafratā dir nazd qarya-yi mazbūra
tābi^{c} Šafā-yi ẖāṣṣat-i mušār ilaihi

ḥ___ā___ṣ___i___l
2500

LIVĀʾ QUDS

NĀḤIYA QUDS

Pādīšāh

P 1 Burqā
P 2 Buraikūt
P 3 ^{c}Allār as - Suflā
P 4 Sāris
P 5 Ǧab^{c}ā
P 6 Bait Naṣṣā
P 7 Dair Ṣāliḥ
P 8 Dair as-Sidd
P 9 Bait ^{c}Ūr al-Fauqā
P 10 ^{c}Ārūra
P 11 ^{c}Abwīn
P 12 Bait Saqāyā
P 13 Qiblīya
P 14 Sāmiya
P 15 Zānū^{c}a
P 16 Niǧam
P 17 Bait Tūn
P 18 ^{c}Ain Tūt
P 19 Ṣāḥūn
P 26 Baṭāra
P 34 Sāmwīl
P 40 Qaṭanna
P 118 Duwair
P 121 al-Fauqā
P 122 Dair Šaiḫ
P 128 Bait Duqqū
P 130 Ṭurmus ^{c}Aiyā
P 132 Dār Ǧarīr

Mīr livāʾ

M 138 Mazra^{c}at al-^{c}Abbās
M 139 Sinǧil
M 140 Dair Banī ^{c}Ubaid
M 141 Kafr Malik
M 142 Ǧifna an-Naṣārā
M 143 Tibyā (Tibnā)
M 144 Dair Abū Maš^{c}al
M 145 Bait Nattīf
M 146 Bait Ta^{c}mar
M 147 Bait Īllū
M 148 Ǧamālā
M 149 Taqū^{c}
M 157 ^{c}Ain Silwān
M 158 Rīḥā
M 160 ^{c}Aṭāra
M 161 Kafr Tūt
M 164 Ṭāyifat ^{c}Urbān Marādiwa
M 165 ^{c}Urbān Šuqairāt Barāġiša
M 166 ^{c}Asākira (^{c}Urbān Yatīm)
M 167 ^{c}Awāzima (^{c}Urbān Yatīm)

Za^{c}āma wa tīmār

Z 169 Bait Sāḥūr an-Naṣārā
Z 170 Ṣūbā
Z 171 Ḥūsān
Z 172 Battīr
Z 173 Ḫarab
Z 174 Burqa
Z 180 Yabrūd
Z 181 Liftā
Z 182 Qīwīn Taḥtānī wa Fauqānī
Z 183 Ḫirbat Banī Sibā^{c}
Z 184 Bīr Zait
Z 186 Walaǧa
Z 187 Miḫmas
Z 189 Rammūn
Z 190 Ṭaiyibat al-Ism
Z 191 Qalandiya
Z 194 al-Baṭṭīḫ
Z 195 Abū Muġīra

Z 200	Bīra al-Kubrā
Z 201	Fūqīn
Z 202	Arṭās
Z 207	Bait Ṣafāfa
Z 208	Dair Sūdān
Z 209	Tall Abū Za^{c}rūr
Z 215	Bait Falama
Z 219	Kūbar
Z 221	Dair as-Sitta
Z 222	Dan^{c}ā
Z 223	Ṣurdā
Z 226	Rāma
Z 228	Abū Dīs
Z 229	Bait ^{c}Ūr as-Suflā
Z 230	^{c}Anāta
Z 231	^{c}Almītā
Z 235	^{c}Aǧǧūl
Z 236	Ṭarafīn
Z 237	Libbān al-Wādī
Z 238	Qubāla (Qiyāla)
Z 240	Bait Sāwir
Z 241	Umm Ṭūbā
Z 243	^{c}Ain Sīnya
Z 244	Kafr ^{c}Aṭīya
Z 247	Kafr ^{c}Aqbā
Z 248	Bait Fāsīn (Māsīn)
Z 249	Ṭūr Zaitā
Z 250	Mazra^{c}at Abū Ṭāsa
Z 253	Kafr Sūm
Z 254	Bīr Nabālā
Z 258	Dair an-Niẓām
Z 260	^{c}Ain Kārim
Z 261	Qalūniya
Z 263	Ṭūr al-Ǧauz
Z 264	Bait ...?
Z 269	^{c}Ain Qīnya
Z 270	Dair Ibzī^{c}
Z 271	Rāfāt
Z 277	Naḥḥālīn
Z 278	Māliha aṣ-Ṣuġrā
Z 287	Bait Sāḥūr al - Wādī
Z 288	Bait Sūrīk
Z 290	^{c}Alyāta
Z 291	Bait Zakāriya
Z 292	Kafr Rā^{c}īt
Z 295	Baḫtiyār
Z 297	Ǧingilīya
Z 298	Dair Abū Taur
Z 299	Sāḥāq (Sāḥāwa)
Z 300	Kafr ^{c}Āna
Z 307	al-^{c}Ain
Z 310	Bait Īza
Z 312	Dair Abān
Z 313	Bait ^{c}Aṭār as-Suflā wa al-Fauqā
Z 314	Ḥazma
Z 315	Bait Ḥaramain
Z 316	Šarafāt
Z 318	Sūr Bāhir
Z 319	Šu ^{c}fāt
Z 320	Dair ^{c}Ammār
Z 321	Kafr Ni^{c}ma
Z 326	Faratīya
Z 327	Kafr Ṣūm
Z 329	Bait Ḥanīna
Z 330	Dair Dabbān
Z 332	^{c}Aizarīya
Z 333	Qarāwa
Z 334	Dair Ġassāna
Z 335	Mazāri^{c}
Z 336	Zakarīya al-Baṭṭīḫ
Z 338	Rāmallāh
Z 339	Bait Ūnya
Z 340	Duḫānīya

Z 341 Kafr Ġarr (Murr)
Z 342 Bait Rīma
Z 343 ^{c}Ain Ibrūd
Z 344 Bait ^{c}Inān
Z 345 ^{c}Ain ^{c}Arīk
Z 346 Nuwai ^{c}ima

Z 348 Taṣūr (Quṣūr)
Z 349 Bait Laḥm
Z 350 Bait Ǧālā
Z 354 Bait Tafnā (Ta^{c}nā)
Z 357 Bait Kisā
Z 359 Ǧīb
Z 360 Fāġūr
Z 366 Baqī^{c} aḍ-Ḍān
Z 367 Ḫirbat Banī ^{c}Adas
Z 370 Ǧudaida
Z 371 ^{c}Īsāwīya
Z 372 Ḥaiy

NĀḤIYA ḪALĪL

Pādīšāh

P 17 ^{c}Ain al-Maiyā
P 18 ^{c}Abdā
P 19 Dair Yaḥyā
P 20 Ǧimrīn
P 37 Bait Kānūn

Mīr livā'

M 238 Sa^{c}īr
M 239 Na^{c}liya
M 240 Tarqūmiya
M 241 Ǧuwain al-^{c}Ulyā
M 242 Samū^{c}

Za^{c}āma wa tīmār

Z 243 Ḥaṭamān
Z 248 Qūfīn
Z 249 Bait Ḫairān
Z 250 Yaṭṭā
Z 267 Maǧdal Faḍīl
Z 271 Dair Naḫās
Z 272 Bait Naṣṣā
Z 251 Dair Šaiḫ
Z 252 Sīmyā Būrīn (Abū Ḥasan)
Z 253 Ḥalḥūl
Z 255 Suwaikat Banī Qais
Z 256 Ṣūbā
Z 257 Idnā
Z 258 Dūrā
Z 259 Kafr Buraik (Banī Na^{c}īm)
Z 260 Ḫursā
Z 262 ^{c}Ānān al-Kubrā
Z 263 Šuwaikat Banī Ṣīrā
Z 264 Nūba
Z 265 Bait ^{c}Ainūn

LIVĀ' NĀBLUS

NĀḤIYA ǦABAL ŠĀMĪ

Pādīšāh

P 1 Taiāsīr
P 2 ^{c}Aqqāba
P 3 Tammūn
P 4 Ṭūbās
P 5 Ṣīr
P 6 Ṭubrus
P 7 Ṭallūzā
P 8 Fandaqūmīya
P 10 Arāna

Liste der fiskalischen Einheiten

P 11 Ǧab^{c}a
P 12 Burqa
P 13 Zawātā
P 14 Qab^{c}īt
P 15 Ǧinisinā
P 16 Rāma
P 17 ^{c}Aǧǧā
P 18 Būrīn
P 19 ^{c}Illār
P 20 ^{c}Attīl
P 21 Dair Šaraf
P 22 Kafr Rummān
P 23 Kafr Farāt
P 24 Šūfa
P 25 Baitā Līd
P 26 Saffārīn
P 27 Bait Sallūm
P 28 Yāṣīd
P 29 Kafr Yāsīlī
P 30 Kufair
P 31 Bāqa al-Ġarbīya
P 32 Rāmīn
P 33 Ibṯān
P 34 ^{c}Anabtā
P 35 Bal^{c}ā
P 36 Bakā
P 37 ^{c}Aqbarā (^{c}Aqīrā)
P 40 Ḫirbat Abū ^{c}Alī
P 41 Qašdā
P 42 Qabāṭiya
P 43 Miska
P 107 Ǧadīda

Mīr livā'

M 3 ^{c}Arrāba
M 4 Ya^{c}bad
M 5 Kufairīt
M 10 Brūqīn

Za^{c}āma wa tīmār

Z 1 ^{c}Asīra
Z 2 Kafr Qūd
Z 3 Mirka
Z 4 Lāwīn
Z 5 Sīrīs
Z 6 Maiṯalūn
Z 7 Kumrā
Z 8 Balar (Yalar)
Z 12 Kafr Labad
Z 13 Sānūr
Z 14 Dair Ḥumaid
Z 15 Furaidis
Z 16 Ǧarbā
Z 17 Sabasṭiya
Z 21 Aran (Arat)
Z 23 Ǧubail
Z 24 Maġāra
Z 25 Qūṣīn
Z 26 Sīlā
Z 27 Bait Yārūb
Z 28 Rāba
Z 29 Salḥab
Z 31 ^{c}Aṭṭāra
Z 32 Ṣarmīṭa
Z 33 Barāziya
Z 34 Faḥma
Z 36 Bait Imrīn
Z 37 Saidā
Z 64 Zāwiyat (Šaiḫ Muḥammad Rifā^{c}ī)

Liste der fiskalischen Einheiten

NĀḤIYA ǦABAL QUBĀL

Pādīšāh

P 1 Sālim
P 2 Bait Dağan
P 3 Ṭa^c^na
P 4 ^c^Awartā
P 5 ^c^Ināb ūs
P 6 Dair ^c^Ūrīf
P 7 Duwair ^c^Ūrīf
P 8 ^c^Ūrīf
P 9 Quṣrīta
P 10 Kafrūr
P 11 Lubbān as-Sāwī
P 12 Mādamā
P 13 Kafr Barā
P 14 Skāka
P 15 Sinifrīya
P 16 ^c^Aqrabā
P 17 Zaitā Banī ^c^Āmir
P 18 Kafr Ḥarīṯ
P 19 Mardā
P 20 Masḥa
P 21 Ḥāriṯ
P 22 Dair Baǧǧāla
P 23 Dair Skāka
P 24 Qabalān
P 25 Birat al-Ḥaǧǧa
P 26 as-Zāwiya
P 59 al-Kafr Banī Ḥamīd
P 60 Ṣanūsīya

Mīr livā'

M 11 Būrīn
M 12 Bait Fūrīk
M 13 Kafr ^c^Aṭīya
M 14 Lubbān al-Kafr
M 15 Muġaiyir

Za^c^āma wa tīmār

Z 1 Salfīt al Baṣal
Z 2 Ḥawwāra
Z 3 Bait Ība
Z 4 Kafr Ṯulṯ
Z 9 Qarāwat Banī Ḥasan
Z 12 Ǧammā^c^īn
Z 13 Qīra
Z 14 Kafr Qaddūm
Z 15 Ǧarābā
Z 16 Ḫirbat Qais
Z 17 Qarāwat al-Ġaur
Z 18 Sīlūn
Z 19 Kafr Isṭūna
Z 20 Ǧib^c^īt
Z 21 Maǧdal
Z 22 Talfīt
Z 23 Dūmā
Z 24 Fara^c^tā
Z 25 Ifqāṣ
Z 26 Ǧīt Ǧammāl
Z 27 Auqār
Z 28 Brūqīn
Z 29 Baitā
Z 30 Ḥablī
Z 31 Balāṭa
Z 32 Farḫa
Z 39 Kafr Ḥatta
Z 40 ^c^Arafāt
Z 44 Ūdala
Z 45 Kafr Baitā
Z 46 Rafīdyā

Z 47 Yāsūf ar-Rummān
Z 48 Ṣarra
Z 49 Till
Z 50 ᶜAṣīra
Z 51 Dair al-Amīr
Z 52 Burāᶜiš
Z 53 Dair Salīm
Z 54 Kafr Qallīl
Z 55 Maḫīna al-Fauqā
Z 57 Rūnūr
Z 58 Quṣairā
Z 59 Ǧūriš
Z 62 Yānūn
Z 64 Azmūṭ
Z 65 Qūza
Z 66 Ūṣarīn
Z 67 Rūǧīb
Z 68 ᶜAzzūn
Z 69 Ṣārta
Z 70 ᶜArfīn
Z 71 Yitmā
Z 72 Mazraᶜa
Z 73 Ḥazīma
Z 74 ᶜAmmūriya
Z 79 Marbūr
Z 84 Bait Yazīd
Z 85 Mātīn
Z 86 al-Maṭwī
Z 88 Rantīs
Z 94 ᶜAskar
Z 95 Ṣūrtīn
Z 96 Bait Auzan
Z 97 Dair Iṣṭyā
Z 98 Kafr Faraᶜ
Z 99 Ṭaᶜnā
Z 100 Ǧālūd
Z 101 Bidyā
Z 102 Maǧdal Yābā
Z 105 Sāwiya
Z 106 Ǧarrāᶜa

NĀḤIYA QĀQŪN

Pādīšāh

P 1 Kafr Rāᶜī
P 2 Zaitā
P 3 Šuwaikī
P 4 Muqaṭaᶜakī (Dair Rāǧī)
P 6 Tūlkarm
P 7 Ifrāsīn
P 8 Stāba

Mīr livā'

M 17 Ǧammāsīn
M 19 Naffāᶜ
M 20 Sīrān (Ṭāyifat Ḥamīd)
M 21 Muhannā (Ṭāyifat Banī Fahad)
M 22 Ṣīrīya (Banī Ḥamīd)
M 23 Banī Ǧalīs (Ṭāyifat Banī Fahad)
M 24 Zanānīra (Ṭāyifat Banī Muḥannā)
M 25 Hilāl (Ṭāyifat Banī Ḥamīd)
M 26 Aḥmad Bāz(Ṭāyifat Banī Fahad)
M 27 Darwīš wa Rašīd wa ᶜAlī wa Sirāǧ
M 28 ᶜUrbān Yatīm (ᶜAwāzima)

Za^{c}āma wa tīmār

Z 1 Dannāna
Z 7 Yammā
Z 13 Ṣīr
Z 14 Nafs Qāqūn
Z 15 Kafr Šīhīr
Z 19 Turkmānān
Z 20 Akrād Kūğar Qūz

NĀḤIYA BANĪ ṢA^{c}B

Pādīšāh

P 1 Funduq
P 2 Ğim Ṣāfūṭ
P 3 Uskūr
P 4 Ḥağğa
P 5 Kafr Ṣūr
P 6 Ğammāsīn
P 7 Ğalama
P 8 Ğarīšīya
P 9 Bāqa
P 10 Falāmiya
P 11 Mağdal Yibwā
P 12 Far^{c}ūn
P 13 Irtāḥ
P 14 Qalansawa
P 15 Mazra^{c}a
P 16 Qalqīlī
P 18 Ğalğūliya
P 19 Kafr Sāba
P 20 Kafr Zībād
P 21 Bait Ğaffa
P 22 Kūr
P 23 Kafr Ğammāl
P 24 Ṣīr
P 25 Ğaiyūš
P 26 Ilyās
P 27 ^{c}Abbūs
P 28 Aršūf
P 29 Kafr Lāqif
P 30 ^{c}Islā

Mīr livā' ———

Za^{c}āma wa tīmār

Z 4 Ṭaiyibat al-Ism
Z 5 Fardīsa
Z 6 Dair ^{c}Isfīr
Z 7 Rās
Z 10 Sarāqa
Z 12 Ğammāsīn (Mazra^{c}at Ḫašāna)
Z 19 Buraikī

LIVĀ' ĠAZZA

NĀḤIYA ĠAZZA

Pādīšāh

P 270 Quraiš (Ṭāyifat Haiṯam)
P 271 Ṣawāfīr as-Šarqī
P 272 Ḥawādī
P 273 ^{c}Āmūdat (Banī Kināna)
P 274 ^{c}Uṣaifirīya
P 275 Ma^{c}īn
P 276 Bait Ṭīma
P 279 Ḥamāma (Mağdal)
P 287 Bazzā
P 288 Bašā
P 289 Aḫṣāṣ ^{c}Asqalān
P 290 Aḫṣāṣ

P 292 Ǧadīda
P 293 ^{c}Aǧlān
P 294 Tīnā
P 295 Yibnā
P 296 Kūfiya
P 297 Saṭar
P 298 Zāwiya
P 300 Damīṭa
P 302 Sāma
P 303 Arza
P 304 Bait Mīrīn
P 313 H̱āriǧat as-Sudūd
P 314 Sudūd
P 315 Sukrīr

Mīr livā'

M 6 ^{c}Urbān Ṭawāyif Banī ^{c}Aṭīya
M 7 Ṭawāyif ^{c}Urbān Banī ^{c}Atā
M 8 ^{c}Urbān Banī Hutaim (Haiṯam)
M 9 ^{c}Urbān Banī Sawālima
M 10 Urbān Ǧaram
M 11 Dair ad-Dārūm
M 15 Farāša
M 19 Manšīyat as-Saḥlīn
M 20 Farātīya
M 21 Burair
M 22 Ša^{c}arīya al-Kubra (Tābi^c Burair)
M 23 Ǧabālya
M 25 Bait Lāhyā
M 26 Maǧdal
M 27 Bait ^{c}Affā
M 28 Naǧd al-Ġarbī

Za^{c}āma wa tīmār

Z 31 Ni^{c}ilyā
Z 32 H̱alīfāt
Z 33 Bait H̱arǧa(Farǧa)
Z 34 Hiribya
Z 35 Barriyat al-Ḥarādīn
Z 36 Bait Darās aṣ-Ṣugrā
Z 42 Qaṭrā
Z 43 Mašhad
Z 45 Naẖrūr
Z 46 Bait Māmīn
Z 47 ^{c}Irāq
Z 48 Bait Zaitūn
Z 50 Miyūsīḥ
Z 51 Kaukab
Z 53 Bait Ǧimāl
Z 54 Ǧuhaitīn
Z 55 Baṭān aš-Šarqī
Z 57 Munai^{c}ir
Z 58 Qubaiba
Z 59 Furatīya
Z 65 Qurtan
Z 67 Mu^{c}aiṣiba
Z 71 Fālūǧa
Z 72 Balīṭā(Malīṭā)
Z 73 Ǧilis
Z 74 Ṣīḥān
Z 77 Bait Darās
Z 78 ^{c}Idrā
Z 79 Sawāmirīya aṣ-Ṣuġra
Z 81 Imġār
Z 82 Ṣummīl al-Muġār
Z 84 Maqqūs
Z 88 Bābilliya
Z 89 Manṣūra
Z 93 Ḥattā as-Šaǧara
Z 95 Ǧusair
Z 96 Zikrīn
Z 98 Zaitā
Z 99 Sūq Māzīn

Liste der fiskalischen Einheiten

Z 100 Barqā
Z 101 Bait Ḥānūn
Z 104 Ṣandaḥana
Z 107 Ḥarsa
Z 109 Bait Durdis
Z 110 Dair Sunaid
Z 112 Lasun
Z 113 Sumsum
Z 114 Barǧalīya
Z 117 Ǧaladīya
Z 118 ^{c}Irāq Ḥālā
Z 120 al-Bahā
Z 121 Rasm al-Ġarbī
Z 122 Rasm aš-Šarqī
Z 127 Salqā
Z 128 Šamsīyāt
Z 129 Naḥāsa
Z 130 Mulāqis
Z 133 Bardāġa
Z 136 Taḥāw (Taḥād)
Z 138 Aṭraba
Z 139 ^{c}Aǧǧūr
Z 140 Kafr Ġār
Z 141 Qamṣā
Z 143 Ṣawāfīr al-Ġarbī
Z 144 Ǧūlis
Z 145 Nāmīra (Nāṣira)
Z 147 Kartā
Z 148 Bait Ǧibrīn
Z 149 ^{c}Irāq Ḥātim
Z 150 Dair Šāṭir
Z 153 Umm an-Nu^{c}ūr
Z 154 Tall Ǧamma
Z 156 Asrāf
Z 158 Bīra
Z 159 Ǧalama
Z 160 Qasṭīna
Z 161 ^{c}Ibdīs
Z 162 Mirfaqa
Z 163 Dinba
Z 166 Ǧilya
Z 167 Bait Sam^{c}ān
Z 169 ^{c}Auda
Z 170 Rafāḥ
Z 179 Manšīyat al-^{c}Uǧūl
Z 180 ^{c}Ammūdīya
Z 182 Ǧaurit al-Ḥaǧǧa
Z 185 Līna
Z 186 Tall Sāfiya
Z 187 ^{c}Aǧiz ar-Rās
Z 188 Dummar an-Naǧd
Z 189 ^{c}Āmūdat Banī ^{c}Āmir
Z 194 ^{c}Abasān
Z 195 Ṣawāfīr al-Ḫalīl
Z 196 Ṣummīl al-Ḫalīl
Z 197 Rašīra (Rašīda)
Z 198 Barbarā
Z 199 Muḥarraqa
Z 200 Muġlis
Z 201 Yāsūr
Z 202 Ramādāt

NĀḤIYA RAMLA

Pādīšāh

P 14 Qawala
P 15 Dair Ṭarīf
P 16 Šīnīl
P 17 Yāfa
P 20 ^{c}Illīt
P 25 Na^{c}īn aš-Šarqīya wa al-Ġarbīya
P 108 Ǧimzū

P 111	Kafr Hīr
P 112	H̱arnūba
P 113	Ibarfīlya
P 114	Ṣarafand al-Kubrā

Mīr livāʾ

M 8	ᶜAin Šams
M 10	ᶜArafāt
M 11	Dair Ġarbī
M 14	ᶜArṭūf
M 18	Milġīr

Zaᶜāma wa tīmār

Z 21	Bait Sūsīn
Z 22	Lūtārīya
Z 23	Kafr Warīya
Z 24	ᶜIslīt
Z 26	H̱airīya
Z 29	H̱uldā
Z 31	Ṭīra
Z 34	Dair Aiyūb
Z 37	Qibyā
Z 40	Bait Nabālā
Z 42	Budrus
Z 44	Zikrīn
Z 49	Banī Ibraq
Z 51	ᶜImwās
Z 52	Dair Sallām
Z 56	Sawāniḥ
Z 57	ᶜĀmir (ᶜĀqir)
Z 61	Sanīr
Z 62	Kafr ᶜĀmūd (ᶜĀṣūr)
Z 63	Tall H̱araz
Z 64	Ṣīrā
Z 68	Mīlūs
Z 70	Dair Qiddīs
Z 73	Yālū
Z 81	Midya aš-Šarqīya
Z 84	Dair D̠ākir
Z 87	Bait Murr
Z 89	Kafr Zarad
Z 90	Šuqbā
Z 91	Salama
Z 94	Bait Lūna
Z 99	Qaǧīta
Z 100	Ṣarᶜā
Z 101	Sākiya
Z 102	Ludd
Z 105	Ǧindās
Z 106	Bait Daǧan
Z 107	Sāfirīya
Z 108	Sītān
Z 109	Yahūdīya
Z 110	Yāzūr
Z 111	ᶜInnāba
Z 112	Rānṭīya
Z 113	Biʾr Maᶜīn
Z 114	Bait Šanna
Z 115	Niᶜlīn
Z 116	H̱arabtā
Z 117	Kīslī (Kīslā)
Z 118	Qayān(Qabān)
Z 119	ᶜAṭrūr
Z 120	ᶜAbūd
Z 121	Bait Sīrā
Z 122	Bait Qūfā
Z 123	Kufratā
Z 125	Kafr Ǧinnis
Z 126	Kafr ᶜĀna

Liste der fiskalischen Einheiten

LIVĀʾ LAǦǦŪN

NĀḤIYA ŠAFĀ

Pādīšāh

P 1 Sīrīn al Mutrān
P 20 Dannā

Mīr livā'

M 2 Nain
M 7 Qabaṭīya

Za^{c}āma wa tīmār

Z 1 ^{c}Īdūr (^{c}Īndūr)
Z 2 Bīra
Z 3 Kaukab al-Hawā
Z 6 Ṭaiyibat al-Ism
Z 7 Nā^{c}ūra

NĀḤIYA SĀḤIL ^{c}ATLĪT

Pādīšāh

P 1 Ġubaiya
P 26 Mār Ilyās

Mīr livā'

M 10 Turkmānān Sawāḥilī
M 11 Ǧammāsīn

Za^{c}āma wa tīmār

Z 1 Šaiẖ Buraik
Z 6 Ǧa^{cc}āra
Z 10 Ṭīrat al-Lauz
Z 11 Ḥaifā
Z 17 Masmūr wa Maġārat Masmūr
Z 19 Ǧabāswār
Z 20 A^{c}rāb Banī Ḥāriṯa
Z 34 Malaḥa
Z 35 ^{c}Ain al-Ḥauḍ
Z 35 Ǧabā
Z 39 Iǧzim
Z 40 Sawāmir
Z 41 Ṣarafand
Z 42 Umm al-Luṣūṣ

NĀḤIYA ŠA^{c}RĀ

Pādīšāh

P 1 Bāqa aš-Šarqīya
P 6 ^{c}Ar^{c}rā

Mīr livā'

M 1 Laǧǧūn

Za^{c}āma wa tīmār

Z 1 Sālim
Z 2 ^{c}Ārā
Z 5 ^{c}Ānīn
Z 8 Zabda

Z 9 Ǧatt
Z 13 Kafradān
Z 15 Rūmāna
Z 16 Ta^cinniq
Z 18 Ṭaiyiba
Z 19 Ǧalama dir Qāqūn
Z 20 Umm al-Faḥm

NĀḤIYA ǦINĪN

Pādīšāh

P 1 Ǧinīn
P 13 Munǧid wa Ḥaǧir

Mīr livā'

M 12 Yāmūn

Za^cāma wa tīmār

Z 1 ^cArabbūnī
Z 2 H̱arnūba
Z 3 ^cĀba
Z 4 Zir^cūn
Z 5 Bait Qād
Z 6 Dair al-Ġazāl
Z 11 Sūlam
Z 12 Nūris
Z 19 Ǧalama
Z 21 ^cArrāna
Z 25 Rīḥāna
Z 26 Qaffīn
Z 35 ^cUrbān Marǧ Ibn ^cĀmir

LIVĀ' ^cAǦLŪN

NĀḤIYA ^cAǦLŪN

Pādīšāh

P 1 ^cAǧlūn
P 3 Dair Banī Madrāt (Hammuda)
P 4 Abū al-Ḥurūf (Ḥurūq)

Mīr livā'

M 1 ^cAnǧarā
M 2 ^cAin Ǧannat al-Faqīh
M 3 Rāǧib Rayān

Za^cāma wa tīmār

Z 4 Ḥalāwa
Z 5 Ištīf
Z 6 Ūṣara
Z 7 Rummān al-Fauqā wa al-Taḥtā
Z 8 Ǧāḥifa
Z 10 Kufrānǧī
Z 12 Manṣūr
Z 15 Fāra
Z 16 Mušriqa (Mušrifa)
Z 17 Dair Šubaik
Z 18 Ḥamīm al Fauqā wa al-Tahtā
Z 19 Rāsūn
Z 20 Isṭālūs
Z 21 al-Badrīya
Z 22 Kafr Ṭurra
Z 23 Rabaḍ
Z 24 H̱arba

Liste der fiskalischen Einheiten

NĀḤIYA BANĪ ^{c}ILWĀN

Pādīšāh

P 14	^{c}Ilamūn

Mīr livā'

M 1	Naqīya as-Suflā
M 2	Dibbin
M 3	Būrma
M 4	Marǧ Šaiẖ
M 5	Naẖlī

Za^{c}āma wa tīmār

Z 6	Naǧra
Z 9	Dair Banī Qais
Z 10	Manṣūr
Z 11	Ǧaraš
Z 12	Sākib
Z 15	Rā^{c}a(Rāma)
Z 20	Muqbilā
Z 21	Naṣṣā
Z 22	Ṣūma
Z 23	Kafr Maṭra
Z 24	Rummān
Z 26	Rīmūn
Z 27	^{c}Ain Naǧra
Z 28	^{c}Ain Ǧannat al-Qāḍī
Z 29	Ba^{c}amtā
Z 32	Qāmiya
Z 34	Ǧabbat Id^{c}īk
Z 35	Dair Sulayl
Z 37	Saḥarīya
Z 38	Ḥarān (Ḥarāra)
Z 41	^{c}Anatā
Z 42	Dair Waraqa
Z 43	Ǧabā
Z 44	^{c}Īk
Z 45	Dair Zaqrīṭ

NĀḤIYA KŪRA

Pādīšāh

P 126	Zūbiya
P 127	Kafr A^{c}wān
P 128	Kafr Ībil
P 129	H̱unaizīra
P 130	Ǧaddītā

Mīr livā'

M 1	Ǧinīn as-Ṣafā
M 2	Kafr Almā

Za^{c}āma wa tīmār

Z 3	Dair Ġafar
Z 4	Dair Yūsif
Z 5	Fitna
Z 7	Dair ^{c}Asal
Z 8	Mahrama
Z 9	Ṣīra
Z 11	Bait Yāfā
Z 12	Nā^{c}ūr
Z 13	Tibna
Z 14	Bait Īdis
Z 16	Raẖīm
Z 17	^{c}Aṣaba
Z 19	Baqī^{c} an-Naṣārā
Z 20	Kafr Kīfā
Z 21	Samū^{c} (Samū^{c}a)

Z 22 Zimāl

NĀḤIYA ĠAUR

Pādīšāh

P 37 Nimrīn

P 38 Kafrīn

P 39 Faḥl al-Taḥtā

P 40 Ṣuwair (Ḥuwair)

P 41 Ḥusainīya

P 42 Abīsa

P 43 Bait Rāma

P 44 Umm Burū^{c}

P 45 Ḥammat Ǧūr

P 46 Muḫaiba

Mīr livā'

M 1 Dair ^{c}Allā

M 2 Ranīq (Ranīwa)

M 3 Kurma

M 4 Baisān

Za^{c}āma wa tīmār

Z 8 Dair Radġa

Z 13 Radġa

Z 21 Farwāna

Z 24 Ḥusāmīya

Z 27 Faqāris

Z 31 Zarrā^{c}a

Z 33 Qaṣīr

Z 34 Sasīya

Z 40 Marfaqa al-Taḥtā

Z 44 Maḫdaṯa

Z 45 Ḥamārinīya

NĀḤIYA ṢALT

Pādīšāh

P 135 Ṣalt

P 136 Ṣīḥān

P 137 ^{c}Ilāqūn

P 138 Ḥusbān

P 140 Mušrifa

P 141 Qal^{c}a

Mīr livā'

M 1 Kafr Yahūd

M 8 ^{c}Urbān Banī Ṣahr wa Karīm

M 9 ^{c}Urbān Na^{c}īm

M 10 ^{c}Urbān Ṣumaidāt

M 11 ^{c}Urbān Banī Mahdī

M 12 ^{c}Urbān Muḥammadīn

Za^{c}āma wa tīmār

Z 13 ^{c}Allān

Z 14 Kafr Almā

Liste: Za^{c}āma wa tīmār

Inhaber: Mīr livā'

M 16 Ṭāyifat Banī Ṣaḫr dir livā' ^{c}Aǧlūn

M 17 Šaiḫ Aḥmad wa Šaiḫ ^{c}Alī wa Banī Muḥammad (Banī Ṣaḫr)

M 18 Šaiḫ Sālim (Banī Ṣaḫr)

M 19 Mūsā (Banī Ṣaḫr)

M 20 Šaiḫ Qabāl (Banī Ṣaḫr)

M 21 Šaiḫ Bākis (Banī Ṣaḫr)

M 22 Šaiḫ Ḫalīfa (Banī Ṣaḫr)

M 23 Tawābī ^{c}īya (Banī Ṣaḫr)

M 24 Ḍamīrā (Banī Ṣaḫr)

M 25 Tīmāswaīk (Banī Ṣaḫr)

M 26 Ḫarbīya (Banī Ṣaḫr)

M 27 Rūḥ wa Banī ^{c}Ağar (Banī Ṣaḫr)

M 28 Karīm (Banī Ṣaḫr)

M 29 Ṭāyifat Ṣumaidāt dir livā' ^{c}Aǧlūn

M 30 al-Ma^{c}ānīya (Ṣumaidāt)

M 31 al-Halawānīya wa al-H̱āṣṣa (Ṣumaidāt)
M 32 al-Ġilmān wa ad-Dūbān (Ṣumaidāt)
M 33 Ṭāyifat Nu^{c}aim
M 34 Šarīk (Nu^{c}aim)
M 35 Šuqairāt (Nu^{c}aim)
N 36 Iṭrāǧān (Nu^{c}aim)
M 37 al-Wī^{c}a (Nu^{c}aim)
M 38 ^{c}Anān (Nu^{c}aim)
M 39 Ṭāyifat Banī Mahdī
M 40 Mayāl (Banī Mahdī)
M 41 Samā^{c}ina wa Ṣawāliḥa (Banī Mahdī)
M 42 ^{c}Azma wa Ibdāḥ (Banī Mahdī)

NĀH̱IYA KARAK

Mīr_livā'

M 1 Karak
M 2 Mazāri^{c}
M 3 Ṣarmā (Ṣarfā)
M 5 Mazār
M 9 ^{c}Ain Mūsā
M 10 Kafr Rabbā
M 11 Mūta
M 13 Rās
M 14 ^{c}Irāq
M 16 Ṭaiyiba
M 19 Šaǧara
M 20 Ṭafīlī
M 22 Ṣāfiya
M 23 Mazra^{c}a

NĀH̱IYA ǦIBĀL KARAK

Mīr_livā'

M 1 ^{c}Aina
M 3 Ṣinifḥa
M 7 ^{c}Īma
M 8 H̱unaizīra
M 9 ^{c}Ain Šīd
M 10 Balās
M 11 Fiṭna (anderer Name: A^{c}ǧarī)

NĀH̱IYA ŠAUBAK

Mīr_livā'

M 1 Šaubak
M 5 Basfar
M 6 ^{c}Afrīr
M 7 Irḥāb
M 12 Šāmīt
M 13 Wādī Da^{c}am
M 14 Naǧīl (Niǧīl) dir Wādī Mūsā
M 16 Ribḥīya (Wādī Mūsā)
M 17 Ṭāyifat Ḥarbīya
M 18 Āl Mūsā (Ḥarbīya)
M 20 Āl Ḥasna (Ḥasma)
Z 21 Zubairāt (Ḥasna)
M 22 Ḥuwaitāt (Ḥasna)
M 23 Abī Ṭāb (Ḥasna)
M 24 al-H̱aṭābāt (Ḥasna)
M 26 Āl Burair wa al-Muḥammadīya (Ḥurūbīya)
M 28 A^{c}rāb Kilābīya
M 30 ^{c}Urbān Masā^{c}īd
M 32 A^{c}rāb Ṭāyifat al-Mawāṣira
M 34 Su^{c}aifāt (Ṭāyifat Ḥarāša)

LIVĀ' ṢAFAD

NĀḤIYA ǦĪRA

Pādīšāh

P 1 Bīra
P 2 ^{c}Ain Zaitūn
P 3 Qaddīta
P 4 Ṭaiṭabātī

P 5 Ẓāhirīya al-Taḥtā
P 6 Rās al-Aḥmar
P 7 Maifad
P 8 Mu^{c}aẓamīya
P 9 Qī^{c}īya, Qī^{c}asīya, Qai^{c}asīya
P 10 Ǧubb Yūsuf
P 11 Ẓāhirīya (Ẓāhirtīya) al-Fauqā
P 12 ^{c}Ammūqa
P 13 Kafr Bir^{c}īm
P 14 ^{c}Akbar al-Ḫaṭṭāb
P 15 Turkumān Ḥusain ^{c}Arab
P 16 Ǧiš
P 17 Mārūnīya (Yārūnīya)
P 18 Sa^{c}sa^{c}
P 19 Mīrūn
P 20 Dair al-Waqāsīya
P 21 Ṭābiġa
P 22 Qanāītlī (Akrād)
P 23 Hāka (Akrād)
P 24 Mīna (Minya)
P 25 Qabbā^{c}a
P 26 Maḥāmira (Maǧāmira) (Maḥāṣira) (Akrād)
P 27 Ǧarmaq
P 28 Ḥurfaiš
P 29 ? ... wa Qāsī
P 30 Samū^{c}īya
P 31 Dīšūn
P 32 Yāqūq
P 33 Farādīya
P 34 Bīr Samūq

Mīr livā'

M 1 Ṣafṣafā
M 2 ^{c}Arab Ḥakbīr
M 3 A^{c}rāb Ḥāriṯa
M 4 ^{c}Almā
M 5 Sulaimān
M 6 Šūmarīra (Šūḥarīra)

Za^{c}āma wa tīmār

Z 1 Malāma
Z 2 Ǧā^{c}ūna
Z 3 Dallāta
Z 5 Miqār (Miġār)
Z 8 Mu^{c}aiṣira
Z 9 Kafr Mārūs
Z 16 Kafr ^{c}Inān
Z 21 Maġār al-Ḥaiṭ
Z 23 Nabratīn
Z 24 ^{c}Ulmānīya
Z 25 Fārā
Z 27 Inbīr
Z 28 Zābūd
Z 29 Ḫāliṣa
Z 30 Kufrātyā
Z 31 Tulail
Z 32 al-Manṣūra
Z 33 Ǧāḥūlā
Z 40 al-^{c}Uqba
Z 41 Fir^{c}īm

NĀḤIYA TIBNĪN

Pādīšāh

P 1 ^{c}Ainātā
P 2 Ṭaira

P 3	Ṣātīn (Ḥātīr)
P 4	ᶜŪbā
P 5	Mālikīya
P 6	Braᶜsīt
P 7	Bint Ǧubail
P 8	Yārūn an-Naṣārā
P 9	Kufūr Tibnīn
P 10	ᶜAitarūn
P 11	Ṣidīqīn
P 12	Saqrā
P 13	Armahz
P 14	Qānā
P 15	Nafs Tibnīn
P 16	Ǧibīn
P 17	ar-Rašāf
P 18	Iqrīt
P 19	Šamᶜa
P 20	al-Maᶜraka
P 21	Baṭṭā
P 22	al-Bāzūrī
P 23	Ǧūbā
P 24	Išḥūr
P 25	ᶜAitā Banī Salmān
P 26	Maǧādil
P 27	ᶜAkbar al-Ġarbīya
P 28	Burǧ Rasmūn
P 29	Ǧurdīya
P 30	Maǧdal Zuraid
P 31	Dibīn

<u>Mīr livā'</u>

M 13	Mārūn ar-Rās
M 14	Kūra
M 15	Mīs
M 16	Ḥārīṣ
M 17	Maǧdal Salīm
M 18	Baṣṣā
M 19	Mazraᶜa

<u>Zaᶜāma wa tīmār</u>

Z 1	Ṣūr wa al-Maᶜšūqa
Z 6	Qadas
Z 7	Ḫiyām
Z 9	Maǧdal Mīs
Z 13	Irtaba,(Intaiya)(Irtīya)
Z 19	Zibqīn
Z 20	Mārūn Šiqāya
Z 23	Kafr Bīr
Z 24	Qafgafā
Z 27	Ṭair Zabnā
Z 35	ᶜImwān (ᶜImwāt)
Z 39	Markaba (bekannt als:) Marǧ Kaba
Z 4o	Ǧadīda
Z 44	Rāmiya
Z 45	Sanǧad? (Sanḥal)?
Z 52	Dair Siryān
Z 54	Saᶜtīya
Z 64	Ābil
Z 68	Ṣafad al-Baṭṭīḫ
Z 82	Mārīn aš-Šaᶜrā(as-Samrā)
Z 87	Ṣalḥa, Ṣalḥana
Z 88	Ṭaiṭarāqa
Z 91	Šāliya, (Sālitīya)
Z 93	Faṣūtā
Z 95	Ṭair Nalya
Z 96	Ṣawāfī
Z 98	Aṣardabaᶜīya
Z 100a	Balāṭ
Z 100b	Ṭarbīḫā
Z 102	Manṣūra
Z 103	Dunaiba
Z 104	Ābil al-Qamḥ

Z 105 ᶜAitā al-Ġağar
Z 106 Murādīya
Z 107 Šannā
Z 109 Tīnā
Z 111 Kafr Nabīr (Natīr)
Z 112 Hadātā
Z 113 Dibil
Z 114 Mirūm al-Taḥtā
Z 115 Kafr Kūk
Z 116 Aṭrā (Iṭrā)
Z 117 Idmīt

NĀḤIYA ŠAQĪF

Pādīšāh

P 1 Ḥarabtā (Ḥabrītā)
P 2 Kafr Tīr
P 3 Kufūr
P 4 Qaᶜqayit an-Nahr
P 5 Ğibšīd (Ğibšīt)
P 6 Kafr ᶜĪḥā
P 7 Burquᶜ
P 8 Dair Kabīr
P 9 Ğarmaq
P 10 Kafr Rūmāna
P 11 ᶜAin at-Tin (ᶜAin Ibnīn)
P 12 Nabāṭīya al-Taḥtā
P 13 Talafḥāyā
P 14 Nabāṭīya al-Fauqā
P 15 Qais
P 16 Nūbārīya (Nuwārīya)

Mīr livā'

M 49 ᶜAitā
M 50 Numairīya

Zaᶜāma wa tīmār

Z 1 Maifadūn
Z 2 Ḥuwair aṣ-Ṣaġīr
Z 4 Ḥarūf
Z 5 Ḥamrā
Z 7 Dimašqīya
Z 8 Lūsīya
Z 15 Yuḥmur
Z 19 Zaftā
Z 23 Tūl, (Lūl)
Z 24 Ṣīr
Z 25 Ṣrīra
Z 29 Qamṣīya, (Ḥamṣīya)
Z 30 Balūš
Z 32 Wād Rīḥān
Z 33 ᶜAramtā
Z 36 Šalbaᶜl
Z 39 Kafr Nīrīn
Z 40 Dilib
Z 44 Quṣaiba
Z 45 Šarqīya
Z 48 Rabīṣa

NĀḤIYA ṬABARĪYA

Pādīšāh

P 1 Kasāl
P 2 Muğaidil
P 3 Akrād ᶜĀmir
P 5 Kafr Mandā
P 6 Rūma
P 7 Nīn
P 8 Šarūnīya
P 9 Ḥadaṯa
P 10 Kabābiša (Akrād)
P 11 Kafr Kanna
P 12 Lūbiya
P 13 Akrād Ḫawālida
P 14 Maġār Ḥazūr

P 15 ^{c}Arrāba
P 16 Masḥā
P 17 Rabīṣa
P 18 Ḥazūr

Mīr livā'

M 62 Bait Laḥm
M 63 Ṛaina
M 64 Nāṣira
M 65 Ṣaffūriya
M 66 Kafr Sabt
M 67 Mašhad Yūnis

Za^{c}āma wa tīmār

Z 1 Tur^{c}ān
Z 2 Ṭabarīya
Z 3 Ṭaiyiba
Z 4 Qānā
Z 7 Rūmāna
Z 8 Ṣimār
Z 11 Ǧubail
Z 14 Maskana
Z 15 Kafr Īma
Z 18 ^{c}Ain Māhil
Z 19 Umm al-Ġanam
Z 22 Dabbūriya
Z 23 Nimrīn
Z 24 Sarḫīt
Z 25 ^{c}Ūlam
Z 26 Bišāra
Z 28 Šibā
Z 29 Dāmiya
Z 30 Mimlā
Z 32 al-Bu^{c}aina
Z 34 ^{c}Ailūṭ
Z 35 Ma^{c}lūl
Z 37 ^{c}Ailabūn
Z 38 Niǧmīya, (Maḥīya)
Z 39 Mā^{c}uz
Z 42 Miṣrāšafā
Z 43 Ṣalāḥīya
Z 48 Kafr Kama
Z 49 Šaǧara
Z 50 Kafr Ma^{c}dar
Z 51 Yāfā
Z 52 as-Sāra
Z 53 Manṣūra
Z 54 Ḥiṭṭīn
Z 55 Irbid

NĀḤIYA ^{c}AKKĀ

Pādīšāh

P 1 Rāma
P 2 al-Birwa
P 3 al-Bi^{c}na
P 4 Maǧdal Kurūm
P 5 Maǧdal ^{c}Alyā
P 6 Ǧūlis
P 7 Ša^{c}ba
P 8 Ḍāwina ?
P 9 Ǧīs
P 10 Mašṭā
P 11 Saḥnīn
P 12 Kafr Yāsīf
P 13 Abū Sinān
P 14 Kafr Sumay^{c}
P 15 Kiṯrā
P 16 Yarkā
P 17 Ṣud^{c}adī
P 18 Kufrdāni
P 19 Ṭaršīḥā
P 20 al-Buqai^{c}a

P 21 Bait Ǧinn

Mīr livā'

M 76 Naḥaf
M 77 al-Makir
M 78 Nafs ^{c}Akkā
M 79 Ǧum^{c}a (Ṭāyifat A^{c}rāb Kulaib)
M 80 ^{c}Amqā
M 81 Zīb
M 82 Ǧa^{c}tūn
M 83 Tamrā
M 84 Šafā^{c}amr
M 85 A^{c}rāb Šaraf
M 91 Kafr Dinkān

Za^{c}āma wa tīmār

Z 1 Kābūl
Z 2 Ša^{c}ab
Z 4 Kufrātā
Z 8 Dāmūn
Z 16 Maǧdal Ūrkamās
Z 21 Kafr Yūdā
Z 24 Kābrā
Z 25 Šanbarīya
Z 26 Tall Naṣaf
Z 28 Šairūz
Z 31 Dā^{c}ūq
Z 32 Mī^{c}ār
Z 35 Ḥusain (Turkumān Ǧammāsīn dir Ṣāhil)
Z 36 Farǧa
Z 39 Maġra (oder Maġār)
Z 42b Kamūtā
Z 43 Qabrā
Z 45 Tall Kisān
Z 47 Mi^{c}ilya
Z 48 Mānūṣa
Z 53 Ǧābiya
Z 57 Faṣṣūtā
Z 59 al-Mūnya
Z 60 Imkīl (Iklīl)
Z 61 Yānūḥ al-Ward
Z 68 ^{c}Ain Qānā
Z 69 Šarata
Z 70 al-Mazra^{c}a
Z 71 Kaukab Banī Krād
Z 72 Ṣarṭabā

QAẒA ḤAURĀN

Pādīšāh

P 1-30 Ǧamā^{c}āt Turkmānān

Mīr mīrān

M 1-22 Ǧamā^{c}āt ^{c}Urbān Ǧabal

NĀḤIYA BUṬAIḤA

Pādīšāh

P 75 al-Mušairifa
P 76 Kanaf at-Taḥtā
P 77 Kanaf al-Fauqā
P 86 Akrād Kanakīya (Marā^{c}iša)

Mīr mīrān wa za^{c}āma wa tīmār

MZ 3 al-^{c}Āmūdīya
MZ 8 Naḫīlī
MZ 11 Umm aš-Šuquf
MZ 13 Šīn (Šīda)

MZ14	Ḫafrā
MZ19	Lawātīya (Lawānīya)
MZ23	Fariǧī

NĀHIYA ǦAULĀN ĠARBĪ

Pādīšāh

P 38	Māḥūrīya (dir nadzd Umm al-Qanāṭir)
P 63	Is^{c}ūm

Mīr mīrān wa za^{c}āma wa tīmār

MZ 1	Tall Abī A^{c}war
MZ 4	Kafr Ḥārib
MZ 5	Buraiqiʿ
MZ 6	Tulail
MZ 8	Kafr ^{c}Āqib
MZ 11	Ǧidya
MZ 12	Ǧibtīn
MZ 13	Fīq
MZ 14	Isqūfīya
MZ 15	Miskāna (dir nazd Maǧnūna)
MZ 20	Manīn
MZ 22	Ḫisfīn
MZ 24	Maǧnūna
MZ 27	Tall aḏ-Ḏahab
MZ 29	Kafr Almā
MZ 28	Ṣīḥān
MZ 32	al-^{c}Adasīya
MZ 35	Ḥūqa
MZ 42	Kafr Šab
MZ 51	Ḫarabta al-Luṣūṣ
MZ 53	Kursīn
MZ 66	Tānā (Yābā)

NĀḤIYA ǦAULĀN ŠARQĪ

Pādīšāh

P 65	Šaǧara
P 67	Ma^{c}raba
P 74	Kuwaiya

Mīr mīrān wa za^{c}āma wa tīmār

MZ 1	Ḥīṭ
MZ 3	Qaṣīr
MZ 4	Wādī Quraiš
MZ 5	Ṣaham al-Ǧaulān
MZ 8	Kafr Tāmir
MZ 9	Bīlā
MZ 13	Tsīl
MZ 15	^{c}Ābdīn
MZ 22	Ǧamlā
MZ 27	Bait Irr
MZ 29	Lawyīra
MZ 30	Šaiḫ Sa^{c}d
MZ 31	Dabātīn
MZ 32	Tall al-Ǧauz
MZ 34	^{c}Ain Tīna
MZ 36	Bait Ikkār
MZ 37	^{c}Udwān

NĀḤIYA KFĀRĀT

Mīr mīrān wa za^{c}āma wa tīmār

MZ 1	Kafr Ma^{c}ād
MZ 3	Balū^{c}īya
MZ 4	Saham al-Qaṣāra
MZ 7	Kafr Ṣūm
MZ 9	Ḥartā
MZ 10	Ṣūm
MZ 11	^{c}Aqrabā
MZ 14	Kafr Liḥya

MZ 15	Rafīd
MZ 16	Samar

NĀḤIYA BANĪ KINĀNA

Pādīšāh

P 128	Dalūn

Mīr mīrān wa za^{c}āma wa tīmār

MZ 1	Marw
MZ 2	Ṭāiyibat al-Ism
MZ 3	Sūm
MZ 4	Kafr Asad
MZ 8	Ḥubraṣ
MZ 9	Id
MZ 10	Farǧi
MZ 11	Maǧādil
MZ 13	Ḫarabta Bait al-MāKdiḥa
MZ 14	Kafr ^{c}Ān
MZ 15	Farzīt
MZ 17	al-Burz
MZ 19	Ibdar
MZ 20	Yarkat
MZ 21	Ḥawar
MZ 22	Busr
MZ 23	Dair Munain
MZ 24	Sab^{c}īn
MZ 25a	Kanīsa
MZ 25b	Barašta
MZ 26	Maḥrabā
MZ 28	Dair Abī Ṭalǧa
MZ 29	Samā
MZ 30	Ṣafrā
MZ 31	Tarġara
MZ 32	Qumīm
MZ 33	Ḥūfa Sukkar
MZ 36	al-Ḫarāǧ
MZ 39	Muḥnā
MZ 41	Dūqara
MZ 46	Sūqa (anderer Name: Ṭīṭāb)
MZ 48	Ḥāṭim
MZ 52	Zahar an-Naṣārā
MZ 54	Kafr ^{c}Abbās
MZ 55	Mkīs
MZ 60	Ṣammā
MZ 62	Kafr Dāmīm
MZ 63	Yublā
MZ 64	Mandaḥ
MZ 65	Malakā
MZ 66	Zahir al-Faqīh
MZ 68	Huraimī
MZ 69	Qiṣfa
MZ 71	Raqrāqa (Rafrāfa)
MZ 72	Balluqaṣ
MZ 73	Ǧiǧǧīn
MZ 74	Qum
MZ 75	Kafr Raḥtā
MZ 76	Zabdā Aḥlāǧ
MZ 81	Id^{c}ān

NĀḤIYA BANĪ ǦUHMA

Mīr mīrān wa za^{c}āma wa tīmār

MZ 1	Irbid
MZ 2	Kafr Yūba
MZ 3	al-Bāriḥa
MZ 4	Bišrī
MZ 5	Ḥawwāra
MZ 7	al-^{c}Āl
MZ 8	Ibān
MZ 9	Bait Rās

MZ 10	Na^{cc}īd
MZ 12	Māǧir (Māǧid)
MZ 13	Šaǧara
MZ 14	Dunaiba
MZ 15	Muġaiyir al-Ġarbīya
MZ 17	Zabdā-yi Irbid
MZ 18	Dair Ḥāzim
MZ 21	^{c}Amrāwā
MZ 23	Ḥakama
MZ 24	Sāl
MZ 25	Ǧumḥā
MZ 26	Zīzūn

NĀḤIYA BANĪ ^{c}AṬĪYA

Mīr mīrām wa za^{c}āma wa tīmār

MZ 1	al-Ḥuṣun
MZ 2	Dair Maṣārīṭ
MZ 3	Ṣamad
MZ 4	Miskāya
MZ 5	Isrās
MZ 6	Kufair
MZ 7	Riḥāba
MZ 8	Rā^{c}iya

NĀḤIYA BANĪ AL-A^{c}SAR

Mīr mīrān wa za^{c}āma wa tīmār

MZ 1	Īdūn
MZ 2	Qafqafā
MZ 3	^{c}Ibbīn
MZ 4	Ṣarīh
MZ 5	Rākisa
MZ 7	Šaṭana
MZ 8	^{c}Aṣīm
MZ 9	Zabdā
MZ 10	Ḥabaka
MZ 11	Kafr Ḫall
MZ 13	an-Nu^{c}aima
MZ 14	^{c}Ain aš-Ša^{c}rā
MZ 16	Dauḫala
MZ 17	Kufratā
MZ 18	Maimūn
MZ 20	^{c}Āyid
MZ 21	^{c}Ibillīn
MZ 22	Ḥūt al-^{c}Uzmā
Mz 26	Ǧuḥfīya
MZ 29	Mārīn
MZ 33	al-Marīḥa
MZ 37	Ma^{c}āma
MZ 39	Ṭaiyāra
MZ 45	Nāṭifa
MZ 46	^{c}Afatā
MZ 48	Ṣaḫra
MZ 49	Sāqiya
MZ 50	Ḥaṭba
MZ 51	Kitim

NĀḤIYA ǦAIDŪR

Pādīšāh

P 10	Kufair al-Ḫān
P 13	^{c}Ānfīr
P 14	Minya

Mīr mīrān wa za^{c}āma wa tīmār

MZ 1	Ḫān
MZ 2	^{c}Aqrabā
MZ 4	Kufrattā
MZ 5	Nawī
MZ 7	Ǧāsim
MZ 12	Ḫāl
MZ 13	Simlīn

MZ 18	Mashara
MZ 22	Ḥammāṣid
MZ 26	Saqar (dir nazd Mazra^cat Sartīta)
MZ 27	Sarār
MZ 28	Umm Tarīm
MZ 30	Ğidya
MZ 31	Namar
MZ 32	Laṭīm
MZ 34	Kafr Data
MZ 35	Ğabā
MZ 39	Ḫarabta mazra^cat Busṭās
MZ 40	Ğābiya
MZ 41	Busṭās
MZ 46	Bait Umm Ḥaurān
MZ 50	Kafr...?
MZ 51	Kafarta
MZ 53	al-^cAin
MZ 54	Zimrīn
MZ 55	Ḥarīr
MZ 56	Muṭawwaq
MZ 61	Kafr Nāsiğ
MZ 63	Burğ Abū al-Laiṯ

NĀḤIYA BANĪ KILĀB

Pādīšāh

P 1	Bairūt aš-Šamālī
P 2	al-Qā^c

Mīr mīrān wa za^cāma wa tīmār

MZ 1	Dair al-Buḫt
MZ 2	Ṣanamain
MZ 6	Qunaiya
MZ 9	Ṭīra
MZ 11	Bairūt al-Qiblī (anderer Name:Bairūt)
MZ 13	Tibnā
MZ 14	Qīṭā
MZ 15	Ḫabab
MZ 18	Nuğaim (Nuğaiğ)
MZ 19	Qanawāt
MZ 24	Dīdī
MZ 25	Šūnat Rās al-Mā
MZ 26	Muḥağğā
MZ 28	Ḫisfīn
MZ 29	Buṣair al-Kubrā
MZ 30	Ṣūr
MZ 31	Kufair al-^cAtaš
MZ 34	Ġabāġib
MZ 35	Zabīra al-Ġarbīya
MZ 36	Mağdal
MZ 37	Šaqrā
MZ 40	Zabīra aš-Šarqīya
MZ 42	Kafr Lākif
MZ 43	Raqqād
MZ 46	Dalī
MZ 48	Naḫal

NĀḤIYA BANĪ MĀLIK AṢ-ṢADĪR

Pādīšāh

P 115	Rummān
P 118	Malaḥ
P 119	Qaiṣama
P 125	Ḥūṭa
P 126	^cŪṣ
P 127	al-Mubaṭṭan

Mīr mīrān wa za^cāma tīmār

MZ 1	Ṣāl
MZ 4	Malaḥ

MZ 5	Salhad (Ṣarhad)
MZ 8	Ġarīta al-Ğanāḥīya
MZ 9	Nuğaiğ
MZ 12	Ḥaṣrā (dir nazd ^{c}Urmān)
MZ 13	Burd (dir nazd Tasīl)
MZ 14	Sammā (dir nazd Kafr Tamān)
MZ 15	Taḥūlā (dir nazd Nawāṣ al-Lağā)
MZ 16	^{c}Uyūn an-Naṣārā
MZ 20	^{c}Anaz
MZ 21	Bakkā
MZ 22	Sūqar (dir nazd Rayad wa Bakkā)
MZ 23	^{c}Atāk (^{c}Anāk)
MZ 24	^{c}Urmān

NĀḤIYA BANĪ MĀLIK AL-AŠRĀF

Mīr mīrān wa za^{c}āma wa tīmār

MZ 1	Qārfā
MZ 6	Manṣūra
MZ 7	Ra^{c}āfā (Da^{c}āqā)
MZ 11	Kafr Baṣal
MZ 15	Naḥār
MZ 16	Raham
MZ 18	Karak al-Batanīya
MZ 24	Kutaibit Tāmir
MZ 25	Nāḥta
MZ 26	Biṭa^c
MZ 28	Tāmir
MZ 30	Malīḥa
MZ 32	Ṭafas
MZ 36	Ṣamah
MZ 37	Dunaibat Banī Zura^c
MZ 38	^{c}Ammūrīya
MZ 40	Salmānīya
MZ 42	Šamsakīn
MZ 46	al-Harāk al-Ġarbī
MZ 47	Malīḥat az-Zaitūn
MZ 50	Huraibat Banī Rabāḥ
MZ 51	Ḥarāk aš-Šarqī
MZ 52	Tall Saif
MZ 53	Dā^{c}īl
MZ 54	^{c}Alama

NĀḤIYA BUTAINA

Mīr mīrān wa za^{c}āma wa tīmār

MZ 1	Yadūda
MZ 2	Ḥarāba
MZ 3	Ṭurra
MZ 5	Muġaiyir aš-Šarqī
MZ 6	Ġarīya al-Kubrā
MZ 10	Ṣaidā
MZ 11	Madīnat Idra^{c}ā
MZ 12	Nu^{c}aima
MZ 13	Ġaṣīm
MZ 20	Ramtā
MZ 21	Ğīb
MZ 22	Ğīza
MZ 23	Šarkūbīt (dir nazd Ğīza)
MZ 24	^{c}Atmān
MZ 25	Nassām
MZ 26	Ğumḥā
MZ 27	Dair al-Aṣamm
MZ 28	Naṣāl
MZ 30	Musaifira
MZ 31	Sahūt al-Qamḥ
MZ 33	Ḥarār
MZ 34	Ġarīya aṣ-Ṣuġrā
MZ 35	Dibbīn

NĀḤIYA BANĪ ^{c}ABDULLĀH

Pādīšāh

P	149	^{c}Āhirī

Mīr mīrān wa za^{c}āma wa tīmār

MZ	1	Libbīn
MZ	2	Musaik
MZ	3	Dair Zura^{c}
MZ	8	Ḥarrān
MZ	10	Tīna
MZ	11	Ġābina
MZ	12	Ğadal
MZ	13	Malīḥat al-Ğabal
MZ	14	Ğirrīn
MZ	15	Īb
MZ	17	Dāma
MZ	18	Karīm
MZ	20	Qīn
MZ	24	^{c}Āmirīya

NĀḤIYA BANĪ ṢARMĀ

P	136	Dūr

Mīr mīrān wa za^{c}āma wa tīmār

MZ	2	Rīmat Ḥāzim
MZ	4	ad-Dūr
MZ	6	Madīnat Zura^{c}
MZ	10	Malīḥat Zura^{c}
MZ	11	Busr
MZ	12	Mazra^{c}at-i Baṭa^{c}

NĀḤIYA BANĪ MIQLAD

Pādīšāh

P	137	Ṣamad al-Ḥarīr
P	138	^{c}Amrā

Mīr mīrān wa za^{c}āma wa tīmār

MZ	1	Lāmīya
MZ	5	al-Mušairifa
MZ	6	Ğilī
MZ	7	Ğu^{c}aidīya
MZ	8	Quṣaiba
MZ	9	Nimrīn
MZ	10	Ḫalḫala
MZ	11	Ḥāzim
MZ	12	Munaiṭ al-Fauqā
MZ	13	Šahba
MZ	45	Nağrān
MZ	48	Ḫarsā
MZ	49	Musaik
MZ	53	Kufratta
MZ	54	Ṣūra at-Taḥtā
MZ	55	Mağādil

NĀḤIYA BANĪ NAŠĪYA

Pādīšāh

P	93	Salam
P	94	Quwairāṣ
P	95	Qanawāt
P	97	Sa^{c}dīn Ṣaġīr
P	99	^{c}Ātīl
P	100	Mardak (anderer Name: Šūmardī)
P	11o	Mağdal Saudā

Mīr mīrān wa za^{c}āma wa tīmār

MZ	1	Nafs Buṣra
MZ	4	Ğimrīn
MZ	5	Quraiya
MZ	10	Timrī

Liste der fiskalischen Einheiten

MZ 15	Sīǧnī
MZ 17	Maǧmar
MZ 18	Muǧaidil
MZ 20	Buraika
MZ 21	Ġassān
MZ 22	Rīmat al-H̱alāẖil
MZ 23	^{c}Afartā
MZ 24	Ǧaḥaimir
MZ 26	Ma^{c}raba
MZ 28	Imraḥ
MZ 32	Kafr .....?
MZ 35	Irṣāṣ (dir nazd Kafr)
MZ 37	ad-Dār
MZ 38	Maǧdal Qazāzā
MZ 40	Kafr Almā
MZ 41	Dair Laban
MZ 42	Ḥubrān an-Naṣārā
MZ 43	Mīmās
MZ 44	Dafīn
MZ 48	Sahūt al-Qamḥ
MZ 49	al-Buwaiḍā
MZ 50	Ta^{c}lā

LITERATUR

AKDAG, M: Celali Isyanlarının Başlaması,/Der Beginn der Celaliden-Aufstände.- Ankara Dil-Tarih ve Cografya Fak. Dergisi IV. 1945.

AKDAG, M: Büyük Celali Karısıklıklarının Baslaması, - Atatürk Univ. Yay. No. 29. Fen-Edebiyat Fak., Arastırmalar Serisi No. 12. Erzurum 1963.

AKDAG, M: Celali Isyanları,1550 - 1603. - Ankara Univ. Dil-Tarih ve Cografya Fak. Yay. Sayı, 144. Ankara 1963.

AMIRAN, D. H. K.: The Pattern of Settlement in Palestine.- Israel Exploration Journal III. Jerusalem 1953.

ATLAS OF ISRAEL. Publ. by Survey of Israel, Ministry of Labour, Jerusalem, and Elsevier Publ. Comp., Amsterdam. - Amsterdam 1970.

BAER, G.: The Administrative, Economic and Social Function of Turkish Guilds. - Internat. Journal of Middle East Studies I. 1970.

BAER, G.: Guilds in Middle Eastern History. - In: COOK, M. A. (Ed.) :Studies in the Economic History of the Middle East. London 1970.

BAGH, A.S.: La Région de Djolan. Étude de Géographie Régionale. - Paris 1958.

BARKAN, O.L.: Les grandes recensements de la population et du territoire de L'Empire Ottoman. - Revue de la Faculté des sciences économiques de l'Univ. Istanbul II. Istanbul 1940.

BARKAN, Ö.L.: XV. ve XVIinci Asirlarda Osmanlı,Imperatorlugunda Zirai Ekonominin Hukuki ve Mali Esasları (I): Kanunlar. Istanbul Univ. Yayınlarından, Istanbul 1943.

BARKAN, Ö.L.: Essai zur les données statistiques des registres de recensement dans l'Empire Ottoman aux XVe et XVIe siècles.- Journal of the Economic and Social History of the Orient

Vol. I, 1958.

BARKAN, Ö.L.: Research on the Ottoman Fiscal Surveys.- In: COOK,M.A.(Ed.): Studies in the Economic History of the Middle East. London 1970.

BARKAN, Ö.L.: Daftar-i khakani.- Encyclop.of Islam. 2nd Ed., Vol. II. Leiden 1965.

BEN-ARIEH, Y.: The Population of the Large Towns in Palestine during the first Eighty Years of the Nineteenth Century according to Western Sources. - In: Moshe Ma'oz (Ed.): Studies on Palestine during the Ottoman Period. Jerusalem 1975.

BIRKEN, A.: Die Provinzen des Osmanischen Reiches.Beihefte zum Tübinger Atlas des Vorderen Orients Reihe B Nr.13 - Wiesbaden 1976.

COHEN, A.: Palestine in the 18th Century. Patterns of Government and Administration. -Jerusalem 1973.

CONDER, C. R. and H. H. KITCHENER: The Survey of Western Palestine. Memoirs of the Topography,Orography, Hydrography and Archeology. 3 vols.- London 1881 - 83.

CONDER, C. R.: The Survey of Eastern Palestine I: The Adwan Country. - London 1889.

COOK, M. A. (Ed.): Studies in the Economic History of the Middle East, from the Rise of Islam to the Present Day.- London 1970.

COOK, M.A.: Population Pressure in Rural Anatola 1450-1600. - Oxford 1972.

ad-DABBAGH, M. M.: Biladuna Filistin (arab.). - Beirut 1965.

DENY, J.: Timar. Enzyklop. d. Islam 1. Ed., Vol. IV. 1934.

DUSSAUD, R.: Topographie historique de la Syrie antique et médiévale. - Paris 1927 (Bibl.Historique et Archéologique, t.4).

FALAH, S.: A History of the Druze Settlements in Palestine during the Ottoman Period. - In:Moshe Ma'oz (Ed.): Studies on Palestine during the Ottoman Period.Jerusalem 1975.

FEKETE, L.: Die Siyaqat-Schrift in der türkischen Finanzverwaltung. Ein Beitrag zur türkischen Paläographie. - Budapest 1955.

FEKETE, L. und KALDY-NAGY, G.: Rechnungsbücher türkischer Finanzstellen in Buda (Ofen) 1550-1580. Budapest 1962.

GÖYÜNC, N.: XVI Yüzyilda Mardin Sancagi. - Istanbul 1969.

GUBSER, P.: Politics and Change in al-Karak, Jordan.A Study of a Small Arab Town and its District. - Middle Eastern Monographs 11, London 1973.

HALASI-KUN,T.: Unidentified Medieval Settlements in Southern Hungary. - I: Studia Turcica 1970; II: Archivum Ottomanicum 2, 1970; III: Archivum Ottomanicum 3, 1971; IV: Archivum Ottomanicum 4, 1972.

HALASI-KUN, T: Sixteenth Century Turkish Settlements in Southern Hungary. - Belleten 28, 1964.

HALASI-KUN, T.: Ottoman toponymia data and the medieval boundaries in South-Eastern Hungary. (Vortrag Paris 1975, im Druck).

HAMMER, J.v.: Des Osmanischen Reiches Staatsverfassung und Staatsverwaltung. Bd. I, II. - Wien 1815.

HEYD, U.: Ottoman Documents on Palestine. A Study of the Firman according to the Mühimme Defteri. - Oxford 1960.

HINZ, W.: Das Steuerwesen Ostanatoliens im 15. und 16. Jahrhundert. Z.D.M.G. 100 (N.F.Bd. 25) 1950.

HINZ, W.: Das Rechnungswesen orientalischer Reichsfinanzämter im Mittelalter. Der Islam XXIX, 1950.

HÜTTEROTH, W. D. : Ländliche Siedlungen im südlichen Inneranatolien in den letzten vierhundert Jahren.- Göttingen 1968 (Göttinger Geogr. Abh. H.46).

HÜTTEROTH, W. D. : Schwankungen von Siedlungsdichte und Siedlungsgrenze in Palästina und Transjordanien seit dem 16.Jahrhundert. - In: Deutscher Geographentag Kiel 1969, Tagungsber. u. Wiss. Abhandlungen. Wiesbaden 1970.

HÜTTEROTH, W.D. : The Pattern of Settlement in Palestine in the 16th Century. Geographical Research on Turkish Daftar-i Mufassal. - In: Institute of Asian and African Studies, Hebrew Univ. (Ed.): Internat. Seminar on the History of Palestine during the Ottoman Period. Jerusalem 1970.

Literatur

INALCIK, H.: Cift Resmi. - Encyclop. of Islam. 2nd. Ed., Vol. II. Leiden 1965.

JACOTIN, M.: Carte topographique de l'Egypte et de plusieurs parties des pays limitrophes, levêe pendant l'expêdition de l'armêe francaise, 1 : 100 000. Atlas, vol.VIII.- In: PANCKOUCKE, C. L. F., Description de l'Egypte, ou, recueil des observations et des recherches, qui ont êté faites en Egypte pendant l'expédition de l'armée francaise. 9 vol. et 12 vol. d'atlas grand. Paris 1809 - 1818.

JIK'IA, S.: Defter-i Mufassal-i Vilayet-i Gürcistan. Türkce metni tercüme, tetkik ve tahsiye eden. Vol. 1 (Text) Tiflis 1947.- Micro Bibliotheca Asiatica 0111 (6690) Harassowitz Microfiche Service, Wiesbaden.

KALDY-NAGY, G.: Bevölkerungsstatistischer Quellenwert der Gizye-Defter und der Tahrir-Defter.- Acta Orientalia 11. 1960.

LAYISH, A.: The Sijill of the Jaffa and Nazareth Shari'a Courts as a Source for the Political and Social History of Ottoman Palestine.- In: Moshe Ma'oz (Ed.):Studies on Palestine during the Ottoman Period. Jerusalem 1975.

LEWIS, B.: The Ottoman Archives as a Source for the History of the Arab Lands. - Journ. of the Royal Asiatic Society, Oct. 1951.

LEWIS, B.: Notes and Documents from the Turkish Archives. - Oriental Notes and Studies No. 3, 1952.

LEWIS, B.: Studies in the Ottoman Archives - I. - Bull. of the School of Oriental and African Studies XVI, 1954.

LEWIS, B.: Nazareth in the sixteenth Century, according to the Ottoman Tapu Registers.- In: MAKDISI, G.(Ed.): Arabic and Islamic Studies in Honour of H. A.R.Gibb. Leiden 1965.

LEWIS, B.: Jaffa in the 16th Century, according to the Ottoman Tahrir Registers. - Türk Tarih Kurumu Yayınlarından VII Seri Sayı 50. Ankara 1968.

LEWIS, B.: Bād-i Hawā. - Encyclop. of Islam, 2nd Ed. Vol. I. Leiden 1960.

MANDAVILLE, J. E.: The Jerusalem Shari'a Court Records: A Supplement and Compliment to the Central Ottoman Archives. - In: Moshe Ma'oz (Ed.): Studies on Palestine during the Ottoman Period. Jerusalem 1975.

MANTRAN, R. et J.SAUVAGET: Règlements Fiscaux Ottomans. Les Provinces Syriens. - Inst.Francais de Damas, Beyrouth 1951.

MA'OZ, M.: Ottoman Reform in Syria and Palestine 1840-61. - London 1968.

MARGALIT, H.: Some Aspects of the Cultural Landscape of Palestine During the First Half of the Nineteenth Century. - Israel Exploration Journ. 13. 1963.

McGOWAN, B.W. : Defter-i mufassal-i liva-i Sirem: An Ottoman Revenue Survey dating from the Reighn of Selim II. - Ph. D.- Thesis, Columbia University 1967. University Microfilms International, Ann Arbor/Michigan.

OPPENHEIM , M.v.: Die Beduinen. Bd. II: Die Beduinenstämme in Palestina, Transjordanien, Sinai, Hedjaz.- Leipzig 1943.

PALESTINE EXPLORATION FUND: (see CONDER AND KITCHENER)

PARRY, J.: Materials of War in the Ottoman Empire.- In:COOK, M. A. (Ed.): Studies in the Economic History of the Middle East. London 1970.

PLANHOL, X.de: Caractères généraux de la vie montagnarde dans le Proche-Orient et dans l'Afrique du Nord. - Annales de Géogr. LXXI.1962.

REDHOUSE, J. W. : A Turkish and English Lexicon. 2nd Ed.- Constantinople 1921.

RINDFLEISCH, G.: Die Landschaft Hauran in römischer Zeit und in der Gegenwart.- Zeitschr. d. Dt. Palästina-Vereins 21. 1898.

SAUVAGET, J.: Les caravansérails syriens du Hajdj de Constantinople. - Ars Islamica IV. 1937.

SAUVAGET, J.: Caravansérails syriens du Moyen-age.- Ars Islamica VI. 1939; VI 1940.

SAUVAGET, J.: La poste aux chevaux dans l'empire des Mamelouks. Paris 1941.

SCHUMACHER, G.: Der Dscholan. Zum ersten Male aufgenommen und beschrieben.- Zeitschr. d. Dt.Palästina-Vereins 9. 1886.

SCHUMACHER, G.: Das südliche Basan. Zum ersten Male aufgenommen und beschrieben. - Zeitschr.d.Dt. Palästina-Vereins 20. 1897.

SCHUMACHER, G.: Ergänzungen zu meiner Karte des Dscholan und westlichen Hauran. - Zeitschr. d. Dt. Palästina-Vereins 22.1899.

SHARON, M.: The Political Role of the Beduins in Palestine in the 16th and 17th Centuries.- Inst. of Asian and African Studies, Hebrew Univ. (Ed.): Internat.Seminar on the History of Palestine during the Ottoman Period. Jerusalem 1970.

SHAW, S. J.: The financial and administrative Organization and Development of Ottoman Egypt 1517 - 1798. - Princeton 1962.

SOCIN, A.: Alphabetisches Verzeichnis von Ortschaften des Paschalik Jerusalem. - Zeitschr.d. Dt. Palästina-Vereins 1879.

SPRENGER, A.: Die Post- und Reiserouten des Orients.- Amsterdam 1962.

TUNCER, H.: Osmanlı Imperatorlugunda Toprak Hukuku, Arazi Kanunları ve Kanun Açikmalari.- Tarim Bakanligi, Mesleki Mevzuat Serisi H. 5. Ankara 1962.

WETZSTEIN, J. G.: Reisebericht über Hauran und die Trachonen. - Berlin 1860.

WIRTH, E.: Zur Sozialgeographie der Religionsgemeinschaften im Orient. - Erdkunde XIX. 1965.

WIRTH, E.: Syrien - eine geographische Landeskunde.- Darmstadt 1971 (Wissenschaftl. Länderkunden Bd. 4/5).

WIRTH,E.: Zum Problem des Bazars (suq,carsi). Versuch einer Begriffsbestimmung und Theorie des traditionellen Wirtschaftszentrums der orientalisch-islamischen Stadt.- Der Islam 51. 1974 u.52. 1975.

KARTEN

Palestine — 1 : 100 000, in 16 sheets. Compiled 1924, partly revised 1941 -42, printed 1946 by Survey of Palestine. Edition with Hebrew corrections by Survey of Israel 1956 ff.

Israel — 1 : 250 000, in 2 sheets.Ed. by Survey of Israel 1959 ff.

Palestine Exploration Fund Map 1 : 63 360, in 26 sheets.Surveyed and drawn under the direction of C.R. CONDER and H.H.KITCHENER.Ed. by Palestine Exploration Fund, London 1880.

Karte des Ostjordanlandes 1 : 63 360 (in 10 Blättern). Aufgenommen von G.SCHUMACHER, hrsg. vom Deutschen Verein zur Erforschung Palästinas, Leipzig 1913 - 1921.

Palästina — 1 : 50 000. Hrsg. v. Reichsamt für Landesaufnahme, Berlin 1918 (German-Turkish War Map).

Levant — 1 : 50 000e. (Syrie). Dressé, dessiné par le Service Géographique de l'Armée, publié par l'Institut Géographique National, Paris 1926 ff.

Levant — 1 : 200 000e. (Syrie). Dressé par le Service Géographique des F. F. L. en 1943-45. Réimprimé par l'Institut Géographique National, Paris 1949 ff.

South Levant — 1 : 50 000, English/French Edition.Imprimé par le Service Géogr. des F. F. L. 1943.

The Hashemite Kingdom of Jordan 1: 250 000, in 4 sheets.

Carte du Liban — 1 : 50 000e. Dessiné et publié par l'Armée Libanaise d'après les stéreographiques aériens au 1 : 20 000, précomplétés sur le terrain en 1963, éd. 1968 ff.